매우 산만한 사람들을 위한
집중력 연습

지은이 **필 부아시에르**

임상 심리 치료사로서 지난 10년 동안 혁신과 창의력의 상징인 실리콘밸리에서 성인 ADHD를 치료해 왔다. 임상 훈련 외에도 매사추세츠 종합 병원과 하버드 대학에서 ADHD 진단 및 치료 고급 과정을 이수했다. 스탠퍼드 대학 출신 의사 두 명과 함께 실리콘밸리 제일의 성인 ADHD 클리닉을 설립했으며, 성인 ADHD를 위한 온라인 지원 센터인 '비욘드 포커스드(Beyond Focused)'를 만들었다. PBS, ABC 뉴스, 〈굿모닝 아메리카〉 등 주요 언론 매체에 임상 전문가로 출연하고 있다.

필 부아시에르 지음 | 안진이 옮김

매우 산만한 사람들을 위한

집중력 연습

실리콘밸리 최고 ADHD 임상 전문가의
산만함을 극복하고 잠재력을 끌어내는 방법

부·키

옮긴이 안진이

2007년부터 전문 번역가로 활동하고 있다. 《데이터는 어떻게 인생의 무기가 되는가》 《50 이후, 건강을 결정하는 7가지 습관》《컬러의 힘》《지혜롭게 나이 든다는 것》《주의력 연습》《마음 가면》《못 말리게 시끄럽고, 참을 수 없이 웃긴 철학책》 등 다양한 분야의 책을 우리말로 옮겼다.

매우 산만한 사람들을 위한
집중력 연습

초판 1쇄 발행 2023년 12월 27일 | 초판 7쇄 발행 2024년 6월 4일

지은이 필 부아시에르
옮긴이 안진이
발행인 박윤우
편집 김송은, 김유진, 박영서, 성한경, 장미숙
마케팅 박서연, 이건희, 정미진
디자인 서혜진, 이세연
저작권 백은영, 유은지
경영지원 이지영, 주진호
발행처 부키(주)
출판신고 2012년 9월 27일
주소 서울시 마포구 양화로 125 경남관광빌딩 7층
전화 02-325-0846 **팩스** 02-325-0841
이메일 webmaster@bookie.co.kr
ISBN 979-11-93528-00-6 03180

만든 사람들
편집 김송은 | **디자인** 이세연

사랑하는 당신에게

당신이 나를 믿어 주지 않았다면
나는 수많은 별을 놓쳤을 거야.

차례

ADHD의 대표적인 증상은 집중력 부족과 충동성이다. 어린아이들의 경우, 주로 학업을 해 나가는 데 문제가 되지만, 성인이라면 문제의 범위는 더 넓어진다. 직장에서의 업무 능력이나 가족 간의 소통, 대인관계에 상당히 큰 영향을 준다. 나와 내 가족만의 문제가 아니게 되는 것이다.

저자 필 부아시에르는 실리콘밸리에서 성인 ADHD 클리닉을 운영하며 많은 임상 경험을 쌓았다. 고도의 집중력을 발휘하여 눈에 띄는 성과를 내야 하는 환경에 놓인 내담자들을 상담 치료하면서 효과적인 집중력 훈련 방법, 기억력과 정리 기술, 스트레스 관리법 등을 상세히 정리했다. 이 책이 바로 그 결실인 셈이다.

너무 산만한 탓에 작은 일 하나 끝내기 어렵거나, 충동적인 감정을 내보이고 후회하는 일이 잦거나, 일을 하는 중간에 다른 일이 끼어들면 머리가 멈춰 버리는 분들께 이 책을 적극 추천한다. 저자가 권하는 연습을 반복해서 좋은 습관을 들인다면, 흩어진 정신을 집중하고 삶을 정리 정돈하며 충분히 잘 살아갈 수 있다.

전홍진 | 《매우 예민한 사람들을 위한 책》 저자
성균관대학교 의과대학 삼성서울병원 정신건강의학과 교수, 부학장

주의가 산만하고 집중이 안 돼서 힘들어하는 분들이 상당히 많다. ADHD로 진단받을 정도가 아니더라도, 처리해야 할 정보가 넘치는 조직사회에서 살아남기 위해 현대인들은 누구나 집중력 문제를 고민한다. 늘 산만한 탓에 목표를 세우는 시작 단계부터 헤매고, 일을 시작한다 해도 매듭짓기가 어려운 일상이 반복되다 보면, 심각한 우울과 불안이라는 악순환으로 이어진다.

이 책의 저자는 뇌의 실행 기능에 해당하는 '주의 집중, 정리 및 계획, 정신적 유연성, 감정 조절, 충동 억제'라는 다섯 가지 영역에서 독자 스스로 자신이 강한 유형을 알고, 부족한 유형을 향상할 수 있도록 돕는다. 내가 늘 내담자분들께 강조하는, "약점을 줄이는 것보다 장점을 잘 발휘할 수 있도록 하는 것이 더 중요하다"는 메시지를 굉장히 세세하고 체계적인 연습법을 통해 가르쳐 준다. 새롭게 알게 된 방법과 이미 알고 있었지만 어떤 순서로 어떻게 훈련하는 것이 좋을지 몰라 답답했던 부분도 답을 얻을 수 있었다. 나에게 먼저 적용해 보고, 내담자분들께도 권해 드리며 긍정적인 효과를 얻고 있다.

우리의 뇌는 평생에 걸쳐 변화한다. ADHD로 진단받은 사람, 지금 흔들리는 내 상태가 어떤지 궁금한 사람, 별문제 없이 일상을 보내고 있지만 조금 더 계획적으로 살고 싶은 사람 모두가 이 책을 만나 변화하는 '건강한 기쁨'을 누리길 바란다.

허규형 | 정신건강의학과 전문의
《나는 왜 자꾸 내 탓을 할까》 저자, 유튜브 〈뇌부자들〉

몇 년 전 우리 사회에 '갓생'이라는 신조어가 등장한 후로 최근까지도 그 트렌드가 이어지고 있다. 그만큼 자신에게 주어진 하루를 계획적으로, 열심히 살아가려는 사람들이 많아졌다는 뜻일 것이다. 나 역시 12년 차 직장인이 되었지만 여전히 하고 싶은 것이 참 많다. 앵커로서 뉴스를 잘 전하고 싶고, 작가로서 좋은 글을 쓰고 싶고, 유튜브 채널도 성공적으로 운영해 나가고 싶다. 하지만 한정된 시간 안에 여러 일을 하려다 보면 산만해지기 일쑤고 결과에 도달하기까지의 과정이 버겁게 느껴질 때도 있다. 처음엔 그저 열심히 하면 된다고 생각했는데, 경험이 쌓일수록 내가 바라는 삶을 살아가는 데에도 '기술'이 필요하다는 사실을 절실히 깨닫고 있다.

그런 내게 이 책은 어떻게 하면 원하는 일을 계획대로 잘 해내고 더 멋지게 성장할 수 있는지 구체적인 방법을 가르쳐 주었다. 단순히 투두 리스트를 꼼꼼하게 적고 계획을 철저히 세우라는 정도의 수준이 아니다. 일상생활에서 바로 적용할 수 있는 그야말로 '고급 실행 기술'을 알려 준다. 책장을 덮는 순간, 당장이라도 마음에 품고 있던 일을 시작할 수 있을 것만 같은 용기가 생긴다. 나처럼 목표한 바를 향해 가려는 사람들이 지치지 않게끔 독려하는 페이스메이커 같은 책이다.

이재은 | MBC 아나운서
《다정한 말이 똑똑한 말을 이깁니다》 저자

삶을 바꾸는
가장 강력한 기술

당신이 이 책을 펼친다면, 당신 또는 당신과 가까운 사람이 주의력결핍과다행동장애ADHD의 다양한 증상으로 고생하고 있다는 뜻일 것이다. 혹은, 지나친 산만함 때문에 '내가 ADHD인 건 아닐까?' 혼자 고민해 봤거나 일상생활에서 크고 작은 불편함을 겪고 있을 수도 있다.

이 책은 산만함, 주의력 문제, 충동적인 의사 결정, 만성적인 지각과 서툰 감정 조절 등의 증상들이 당신의 삶에 미치는 영향력을 줄이는 것은 물론이고 장기적으로는 그 증상들을 극복해 나가는 데 필요한 능력을 키워 줄 것이다.

삶은 원래 복잡하고, 인간은 일상적인 삶을 살아가는 데 도움이 되는 복잡한 인지 능력들을 가진 존재로 진화했다. 아기

때부터 다양한 상황 속에서 사람들과 사건들을 관찰하며 가장 적절하고 효과적으로 반응하는 방법을 익혔다. 우리는 다른 사람의 의견이나 요청에 간단한 언어 또는 행동으로 대답할 줄 안다. 그리고 계획 세우기, 임무 완수하기, 목표 설정하기, 감정 조절하기와 같은 행위들을 한다.

우리가 마주하는 수많은 복잡한 상황을 잘 헤쳐 나가기 위해 우리의 뇌는 이른바 '실행 기능executive function'을 발달시켰다. '정신적 코어 기술core mental skills'이라고도 불리는 이 실행 기능은 인지적 기능 중에 가장 늦게 발달하는 기능으로서 20대가 되어서야 완성되며, 성인기의 삶을 순조롭게 살기 위한 열쇠와도 같다. 이토록 중요한 실행 기능의 지연이 바로, ADHD 성인들이 일상생활에서 겪는 어려움의 핵심이다.

무엇이 당신의 삶을 흩뜨려 놓는가? 다음의 증상 목록은 세계보건기구WHO에서 사용하는 ADHD 간이 자가 진단 도구를 인용한 것이다. 물론 이 간단한 목록만으로 정식 진단을 할 수 없다는 점에 유의해야 한다. 정확한 진단을 받으려면 전문 교육을 받은 의료인이 검사를 수행해야 한다. 여기서는 보편적인 ADHD 증상들 가운데 일상생활에 문제를 많이 일으키는 증상을 판별해 보는 정도로만 생각하자. 당신이 어떤 부분을 얼마나 힘들어하고 있으며, 어디에 가장 신경 써야 하는지 알 수 있다.

- 프로젝트를 끝까지 해내기가 어렵다.
- 주변을 정리하는 데 어려움을 겪는다.
- 약속을 잘 잊어버린다.
- 일을 시작해야 하는데 미루거나 회피한다.
- 과도하게 활동적인 상태가 되거나, 이런저런 일들을 해야 한다는 강박을 느끼곤 한다.
- 주의를 기울이지 않아서 실수를 곧잘 한다.
- 지루하거나 반복적인 일에 집중을 잘 못한다.
- 항상 물건을 엉뚱한 곳에 놓거나 잃어버린다.
- 주변에서 일어나는 일들에 주의를 빼앗긴다.
- 가만히 있지 못하고 계속 꼼지락거린다.
- 말을 너무 많이 하거나 불쑥 엉뚱한 말을 꺼낸다.
- 차례를 기다리기가 힘들다.
- 다른 사람들이 바쁠 때 방해하곤 한다.

나는 임상 치료사로서 ADHD 성인들을 10년째 치료하고 있다. 임상과 과학의 세계에서 일하는 우리 같은 사람들도 ADHD의 숨은 원인을 100퍼센트 정확히 알지는 못하지만, 뇌의 앞쪽을 가리키는 전전두피질prefrontal cortex, PFC에 주된 원인이 있다는 것만은 확실하다. 전전두피질은 정말 중요한 뇌의 실행 기능을 관장하는 영역이다. 모든 중요한 결정을 내리는 데 필요한 CEO의 큼지막한 사무실이라고 생각하면 된다.

잠시 그 CEO를 생각해 보자. 어떻게 그 자리에 올랐을까? 할 일을 끝없이 미루고, 집중을 흐트러뜨리고, 감정에 휘둘리면서 그 자리까지 올라갔을까? 그건 아닐 것이다. 그가 그 자리에 오른 이유는 전전두피질, 즉 뇌의 명령 중추가 지휘를 잘해서 일이 되게 만들었기 때문일 것이다. 암기하기, 정리하기, 계획하기를 비롯해 실행 기능과 관련된 일련의 기술들이 성공에 중요한 역할을 했을 것이 틀림없다. 당신의 기술들을 CEO 수준으로 끌어 올리려면 훈련이 필요하다. 이 훈련을 새로운 운동 루틴이라고 생각하라. 단, 신체적 운동이 아닌 인지적 운동이다.

고급 실행 기능 기술들은 단순히 할 일 목록을 만들거나 달력을 정리하는 법을 배우는 것이 아니다. 일과 삶에서 탁월한 성과를 내기 위해 모두가 필요로 하는 기술들은 우리가 아무리 복잡한 상황에 처하더라도 그 상황의 모든 측면을 헤쳐 나갈 수 있도록 해 준다. 실생활의 사례를 통해 이런 기술들이 어디에서, 어떻게 활용되는지 알아보자.

당신의 전화가 울린다고 상상해 보라. 발신자는 중요한 고객이다. 고객은 어떤 중대한 문제에 불만을 제기하며 당신에게 간결하고 명확한 답변을 요구한다. 전화를 끊고 나서 당신은 고객의 요구를 만족시키기 위한 계획을 마련해야 하며, 그 계획을 충실히 이행해서 일을 끝마쳐야 한다. 고객이 화가 난 상태이므로 당신에게는 온라인 쇼핑을 하거나 소셜미디어의 늪에 빠져들 시간이 없다. 최대한 빠른 시간 내에 일을 처리해야 한다. 이런 시나리오는 전문적인 일을 하는 사람들의 삶에 자주 등장한다. 혹시 이 시나리오를 읽기만 하는데 벌써 마음이 불안해졌는가? 그건 아마도 당신이 실패할 지점들이 눈에 훤히 보여서일 것이다. ADHD 관련 증상들은 계획 세우기, 집중 유지하기, 압박 속에서 명료하게 사고하기와 같은 역량들을 발전시키는 데 현실적인 장벽으로 작용한다.

이 '화난 고객' 시나리오에서 요구되는 기술들이 정확히 무엇일까? 이런 상황이라면 당신은 다양한 감정들을 느낄 것이다. 화가 치밀어 오르기도 하고, 당황스럽기도 하고, 겁이 나기도 한다. 문제를 효과적으로 처리하기 위해서는 감정들을 잘 조절해서 차분하고 예의 바르며 공격적이지 않은 방식으로 반응해야 한다. 또한 스트레스로 인해 산만해진 정신을 붙들고, 감정에 휘둘리지 않고 명료하게 사고할 필요가 있다. 충동적이지 않으면서도 분명한 태도로 대응해야 한다. 언성을 높인다거나, 별생각 없이 고객의 요구를 수락한다거나, 눈물을 흘리는 것은 최선의 방법이 아니다. 마지막으로 고객이 자신의 요구가 충족

되었다고 느낄 수 있게 적절한 시점에 당신이 생각한 문제의 해결 방안을 제시해야 한다.

단 하나의 상황에 대처하기 위해 이렇게나 많고 복잡한 기술들을 투입해야 한다. 미리 겁먹을 필요는 없다. 내가 하나씩 가르쳐 줄 테니까. 스트레스와 미루기의 압박으로 고통받지 않고도 달성 가능한 계획을 세우고 마감을 지키는 기술을, 어려운 상황에서도 평정을 유지하는 감정 조절 기술을 익혀 보자. 내가 권하는 다양한 인지적 운동을 하나씩 따라 하다 보면, 어느새 당신의 기술과 상황 대처 역량은 눈에 띄게 향상되어 있을 것이다. 이 기술들을 익히는 과정이 삶의 모든 중요 영역에서 실질적이고 지속 가능한 변화를 일으키는 과정이라고 생각하라.

이 책을 활용하는 방법은 여러 가지가 있다. 당신은 기억력 향상이나 정리 방법 같이 원하는 특정 기술에 집중하고 싶을 수도 있다. 그런 경우라면 해당 부분으로 바로 넘어가도 된다. 하지만 특별한 이유가 없다면, 책을 앞에서부터 순서대로 읽어 나가며 내가 제안하는 연습들을 모두 해 보길 권한다. 그러면 어떤 어려운 상황에서도 능력을 발휘할 수 있는 기술들을 장착하게 될 것이다. 지금 당신은 강력한 기술들로 가득한 도구 상자를 손에 들고 있다. 다시 말해서 이 책을 다 읽고 나면 엄청난 도구 상자를 하나 갖게 되는 것이다. 이 도구 상자와 함께라면 주변을 더 깔끔히 정리하고, 원하는 곳에 더 오랜 시간 집중하고, 어렵지 않게 감정을 조절하고, 마감을 잘 지킬 수 있게 된다. 직장에서는 회의에 늦지 않게 도착하고, 프로젝트를 계획하고 완수하는 데에, 가정에서는 가족과 무언가를 상의하거나 자녀의 일로 교사와 상담하는 데에 그 기술을 사용할 수 있다. 어느 쪽이든 간에 정신적 역량을 키우면 당신이 원하는 목표 지점에 더 빠르고 효율적으로 도달할 수 있게 된다. 더 이상 무슨 말이 필요한가?

이 여정을 시작하기 전에 필요한 것은 주머니에 쏙 들어가는 작은 노트 한 권이 전부다. 지금 당장 노트를 사러 가라. 이제부터 그 노트를 사용해서 연습할 것이다.

기억하라. 여기엔 당신에게 큰소리로 고함치며 지시하는 사람도, 수치심을 유발하는 사람도 없다. 오직 당신과 나만 있다. 나는 당신과 나란히 서서 당신의 잠재력을 이끌어 내고 삶이 더 수월해지도록 도와주려 한다. 그러니 여태껏 '나는 왜 이럴까' 자책하며 느껴 왔던 수치심이나 자괴감은 이제 그만 내려놓아도 된다.

마지막으로 내가 꼭 하고 싶은 말이 하나 있다. "나는 당신 편이다."

1장

나를 알고 나를 알면 백전백승

뇌의 코어 기술

뇌가 날마다 해내는 힘든 작업의 배후에는 코어 기술들이 있다. 삶을 성공적으로 살아가려면 이 실행 기능들이 반드시 필요하다. 주의를 기울이는 능력, 계획을 수립하는 능력, 비판적으로 사고하는 능력, 강렬한 감정을 다스리는 능력, 충동적인 행동을 억제하는 능력은 거의 전적으로 정신의 코어 기술들에 달려 있다. 앞서 이 기술들은 전전두피질이 관장한다고 설명했던 것을 기억하는가? 전전두피질은 우리의 이마와 눈 바로 뒤에 위치한 뇌의 넓은 영역이다. 신경학적 관점에서 인간과 다른 포유류가 구별되는 지점이기도 하다.

아기의 뇌는 전전두피질이 거의 형성되지 않은 상태다. 아기들은 계획을 세우지 않고, 감정을 조절하지 않고, 충동성을 억제하려고 하지도 않는다. 뭔가를 원하면 곧바로, 원하는 방식대로, 원하는 행동을 한다. 할머니의 귀걸이를 잡아당기면 재밌겠네. 확! 기저귀를 안 차고 있는데 오줌이 마렵네? 좋았어! 소파에 오줌을 누면 딱 좋겠어. 배가 고픈데? 아빠 노트북을 바닥으로 밀치고 젖병으로 손을 뻗어야지. 기분이 안 좋은걸? 기진맥진할 때까지 소리를 질러 대자. 그러고 나서는 낮잠을 자고, 깨어나면 모든 걸 처음부터 다시 시작한다. 우리가 아기들을 항상 지켜봐야 하는 이유는 아기들의 전전두피질이 완전히 발달하지 않았기 때문이다. 아직 자기 관리에 필요한 인지적 기술들이 없으므로 아기들이 알아서 스스로를 관리할 거라고 믿어서는 안 된다.

다행히도 나중에 가면 전전두피질이 발달하는데, 완전히 발달하려면 평균 25세 정도는 되어야 한다. 10대 청소년들이 충동적이고 비이성적인 결정을 하는 이유가 여기에 있다. 청소년들의 뇌를 보면 감정 중추는 꽃을 활짝 피웠지만, 제동 장치와 논리 중추는 이제 막 싹을 틔우기 시작한다. 20대 중반에 이르면 대부분은 온전한 전전두피질을 갖게 된다. 그러나 모든 사람이 전전두피질의 고차원적인 기능들을 똑같이 잘 사용하는 건 아니다. 때때로 내 아내와 아이들은 나에게 전전두피질이 있기는 한 건지 궁금해할 것 같다. 하지만 그런 이야기들은 남겨 뒀다 나중에 나의 회고록에나 써야겠다.

실행 기능이 정상적으로 발달한 성인들도 그 기능을 충분히 활용하지 못할 수 있다. 하물며 실행 기능에 혼란이 생기는 성인 ADHD라면 어려움은 말할 것도 없다. 실행 기능이 원활하게 수행되기 위해서는 뇌 안에 있는 도파민dopamine과 노르에피네프린norepinephrine과 같은 특정한 신경 전달 물질들을 다량으로 활용해야 한다. ADHD 임상약이 표적으로 삼는 물질이 바로 도파민과 노르에피네프린이다.

ADHD인 사람들의 뇌에서는 이 두 화학 물질이 생산되지 않거나 효과적으로 이용되지 않는 경우가 많다. 도파민은 목표를 달성하고 성취감이나 보람을 느끼는 데 반드시 필요한 물질이다. 노르에피네프린은 주변과 머릿속의 모든 소음을 차단하는 데 도움이 된다. 집중을 깨뜨리는 가장 큰 요인은 생각과 감정이라는 사실을 기억하라. 도파민과 노르에피네프린이 함께 작용할 때, 우리는 무엇에 집중해야 하고 무슨 과제를 수행해야 할지를 더 쉽게 알 수 있다. 이 신경 전달 물질들을 필요한 양만큼 활용하지 못하면 주의가 쉽게 분산되고 집중을 잘 못하게 된다.

그만큼 도파민과 노르에피네프린은 중요한 물질이다. 하지만, 코어 기술의 모든 측면이 이 두 물질만으로 설명되지는 않는다. 항상 그렇듯 개개인의 다양성이 많은 것을 좌우한다. 세상에 완전히 똑같은 사람은 없다. 절대로. 어떤 사람은 계획 수립에 능하고, 어떤 사람은 집중력이 뛰어나고, 어떤 사람은 뭐든지 잘하는 것처럼 보인다. 마찬가지로 산만하고 집중력이 부족하다는 것이 어떤 사람들에게는 치명적인 타격을 입히지만 어떤 사람들에게는 미미한 영향만 준다. 심지어 증상의 강도가 비슷한 사람들끼리도 각자가 가진 코어 기술들의 강점과 약점은 다를 수 있다.

그래서 증상을 다스리는 법을 알기 위한 첫 단계는 당신의 강점과 약점이 무엇인지 파악하는 것이다. 실제 ADHD로 진단받았건 진단받지 않았건, 대표적인 ADHD 증상을 보이는 이들에게 적용되는 진실이 하나 있다. 삶이 정말 힘들다는 것. 해당 증상들은 직장생활에 지장을 초래하고, 인간관계를 방해하고, 육아를 더 어렵게 만들고, 수치심을 유발한다. 살아가다 보면 진짜로 눈물 나게 힘들 때가 있다.

좋은 소식은 증상들을 관리할 수 있다는 것이다. 그것도 상당히 훌륭하게 말이다. 당신이 가장 어려워하는 영역과 비교적 잘 해내고 있는 영역을 알아보고 느슨한 개념 틀을 사용해서 자신의 인지 유형을 이해하는 것이 중요하다. 사람들이 생각하고 행동하는 방식은 매우 다양하기 때문에 당신을 힘들게 하는 기술들이 정확히 무엇인지를 알아내기가 쉽지 않을 수도 있다. 당신이 분석적 사고에 강하다고 치자. 분석적 사고 능력을 활용해서 대단히 훌륭한 통찰이 담긴 유용한 해결책을 생각해 낼 줄 알지만, 집중을 잘 못하고 계획을 세우지 못하기 때문에 그 근사한 아이디어들은 머릿속에만 갇혀 있다. 또 어떤 사람은 긴장감 넘치고 아드레날린이 솟구치는 위기 상황에서 능력을 잘 발휘하지만 집중을 오래 유지하지 못해서 아침에 커피 한 잔 끓이기도 어렵다.

이처럼 정신적 능력과 겉으로 드러나는 능력의 차이가 심하면 기분은 최악이 된다. 여기서 중요한 사실을 짚고 넘어가야겠다. 지능과 ADHD 사이에는 아무런 관련이 없다. 어떤 사람이 ADHD라고 해서 그가 멍청하거나 능력이 부족한 것이 아니다. 단지 해당 증상이 없는 사람들과 뇌가 다르게 작동하기 때문에 어떤 일들을 하기가 더 어려울 뿐이다. 자신의 인지 유형에 관해 조금만 알고 있어도 힘이 된다. 내가 강한 영역은 장점으로 활용하고 약한 영역은 부족한 능력을 키워 가면 된다. 아니면 약한 영역들은 제쳐 놓고 다른 영역들을 강화해서 약점을 보완할 수도 있다.

5가지 인지 유형 진단

실행 기능의 핵심 영역들을 자세히 살펴보면서 당신이 가장 집중하고 싶은 부분을 생각해 보자. 각 영역에 관한 10개의 문항을 읽고 해당하는 숫자에 체크하면 된다. 이 짧은 분석이 임상 진단의 도구는 아니라는 점에 유의하라. 이것은 그저 인지 능력의 핵심적인 영역 중 각 영역에서 나의 상태가 어떤지에 관해 신속하게 알아보는 방법이다.

※ 각 문항을 읽고 개인적인 경험에 의거해서 0, 1, 2 중 하나의 숫자에 체크한다. 다른 사람들이 나에 관해 생각하는 바가 아니라 스스로가 생각하는 바대로 답해야 한다.

0   그렇지 않다 또는 전혀 그렇지 않다
1   가끔 그렇다
2   그렇다 또는 자주 그렇다

만약 특정한 영역에서 총점이 10점 미만이라면, 당신은 그 영역의 기술들과 관련해서는 어느 정도 잘하고 있다는 뜻이므로 그 영역에 특별히 노력을 집중할 필요는 없다. 하지만 그 영역 중에서 숫자 '2'라고 답한 문항이 있다면 신경을 써야 할지도 모른다.

특정한 영역에서 총점 10점 이상을 기록했다면, 당신은 그 영역에서 기술을 향상시키기 위해 노력해야 한다.

※ 총점이 15점을 넘는 영역이 있다면 그 영역을 개선하기 위해 '더' 열심히 노력해야 한다.

주의 집중

당면 과제와 적절한 대상에 주의를 집중하는 능력을 평가한다. 당신은 여러 가지 일들이 앞다투어 주의를 끌려고 하는 상황을 자주 경험할 것이다. 집중을 유지하려면 '소음'을 걸러내는 능력이 반드시 필요하다. 또한 매우 따분한 일을 해야 하는 상황에서, 그 일을 끝까지 해내기 위해서는 주의력과 집중력을 적절하게 사용해야 할 때도 있다. 당신이 일상생활에서 가장 힘들어하는 부분이 바로 이 영역일 것이다.

주의 집중 능력 진단			
문항	**0**	**1**	**2**
① 주변에서 어떤 일들이 벌어지고 있을 때 주의가 쉽게 흐트러진다.			
② 업무나 과제를 끝까지 해내기가 힘들다.			
③ 일하거나 공부할 때 금방 주의가 산만해진다.			
④ 주위에서 소음이 들리거나 뭔가가 보이면 집중이 깨진다.			
⑤ 새로운 것에 관심을 가지지 않기란 불가능에 가깝다.			
⑥ 사람들이 나에게 하는 말을 집중해서 듣기가 어렵다.			
⑦ 보통 어떤 일이 아주 흥미로워야 집중을 한다.			
⑧ 글을 읽고 있다가 또는 그와 비슷한 일을 하다가 나만의 생각이나 공상에 빠져든다.			
⑨ 불필요한 일에 주의를 집중하곤 한다.			
⑩ 말을 듣고 있는지, 주의를 기울이고 있는지 사람들이 자주 묻곤 한다.			
총점			

정리와 계획

평소 얼마나 정리와 계획 수립에 능한지 평가한다. 정리는 통제 가능하고 스트레스가 적은 삶을 사는 데 매우 중요한 능력이다. 정리되지 않은 환경은 주의를 더욱 산만하게 만든다. 또, 할 일을 미리 계획해 두지 않으면 자꾸 미루게 되고, 주의가 분산되고, 그러다 보면 과부하가 걸릴 수도 있다.

정리와 계획 능력 진단			
문항	0	1	2
① 어떤 일을 하는 데 걸리는 시간이나 어딘가로 이동하는 데 걸리는 시간에 관한 추측이 틀릴 때가 많다.			
② 과제와 활동을 정리하는 일이 매우 어렵게 느껴진다.			
③ 업무나 과제에 필요한 중요한 물건들(목록, 노트, 필기구 등)을 자주 잃어버린다.			
④ 미리 계획을 세우는 법이 없다.			
⑤ 주변이 정리되어 있을 때가 별로 없다.			
⑥ 거의 날마다 뭔가를 잊어버린다.			
⑦ 확실한 마감 시한이 없으면 절대로 일을 끝내지 못할 것이다.			
⑧ 업무, 학교 과제, 집안일을 시작하기가 어렵다.			
⑨ 어떤 프로젝트를 완수하기 위해 단계별 계획 세우는 일을 회피한다.			
⑩ 업무 공간과 집안 공간이 어수선하고 부담스럽게 느껴진다.			
총점			

정신적 유연성

유연하게 사고하는 능력을 평가한다. 사고의 유연성은 궁극적으로 행동 패턴을 결정한다. 인지적 유연성이라고도 불리는 정신적 유연성이 있으면 어떤 상황에서든 다수의 선택지를 가질 수 있다. 관점을 전환하고 새로운 믿음을 형성하는 데도 정신적 유연성이 필요하다.

정신적 유연성 능력 진단			
문항	0	1	2
① 과거에 했던 실수를 잊어버리려 해도 잘 안 된다.			
② 한꺼번에 여러 가지를 머릿속에 담아두기가 어렵다.			
③ 대부분의 상황에서 다른 방안이 있다는 것을 잘 인식하지 못한다.			
④ 잘하는 일을 할 때도 자신감이 부족하다.			
⑤ 내 생각에 관해 성찰하기가 쉽지 않다.			
⑥ 생각을 많이 해야 하는 업무 또는 과제를 좋아하지 않는다.			
⑦ 내 의견이나 믿음을 바꾸기가 어렵다.			
⑧ 다른 사람의 관점으로 보는 것을 잘 못 하겠다.			
⑨ 어떤 증거도 없이 혼자 결과를 단정하고 거기에 매달린다.			
⑩ 새로운 아이디어나 해결책에 관한 브레인스토밍이 어렵다.			
총점			

감정 조절

감정을 조절하고 감정에 대한 반응을 통제하는 능력을 평가한다. 감정은 당신이 하는 모든 일에 직접적인 영향을 미친다. 지나치게 강렬한 감정은 성과를 떨어뜨리고, 판단을 흐리고, 할 일을 미루게 만들고, 주의를 분산시키고, 인간관계에 갈등을 유발하기도 한다.

감정 조절 능력 진단			
문항	0	1	2
① 쉽게 짜증을 낸다.			
② 실수를 하면 나 자신에게 화가 많이 난다.			
③ 인내심이 부족하다.			
④ 사람들에게 쉽게 실망한다.			
⑤ 화를 잘 내고 금방 발끈한다.			
⑥ 내 방식대로 일이 되지 않으면 눈에 띄게 불쾌해한다.			
⑦ 기분이 일관성 없이 확확 바뀐다.			
⑧ 나를 화나게 하는 일이 많다.			
⑨ 분노, 슬픔, 좌절과 같은 불편한 감정을 떨쳐 내기가 어렵다.			
⑩ 고함을 치거나 방에서 휙 나가 버릴 때가 많다.			
총점			

충동 억제

충동적 행동, 결정, 선택으로 어려움을 겪고 있는지 여부를 평가한다. 사람들과 상호 작용하는 모든 상황에서는 적절하게 행동하는 능력이 필요하다. 충동 억제 능력이 있으면 발전을 가로막는 선택을 멀리하고, 도움이 되는 좋은 선택을 할 수 있다.

충동 억제 능력 진단			
문항	0	1	2
① 사람들이 바쁘게 일하고 있을 때 방해하는 경우가 많다.			
② 질문을 받으면 상대의 말이 끝나기도 전에 대답하는 경향이 있다.			
③ 나도 모르게 불쑥 말을 내뱉는다.			
④ 스스로 '아드레날린 중독'이라고 생각한다.			
⑤ 함께 있는 사람들보다 내가 말을 훨씬 많이 한다.			
⑥ 충분히 생각하기도 전에 입에서 단정적인 말이 흘러나온다.			
⑦ 오랫동안 한 자리에 앉아 있지 못한다.			
⑧ 어떤 일이나 활동을 하던 중에 갑자기 다른 일이나 활동으로 넘어간다.			
⑨ 했던 말 중에 주워 담고 싶은 말이 많다.			
⑩ 그럴 의도는 아니었는데 사람들의 심기를 건드리곤 한다.			
총점			

자, 이 간단한 진단의 결과가 어땠는가? 당신이 어떤 영역에서 힘들어 하는지를 알고 깜짝 놀랐는가? 생각했던 것보다 잘 하고 있는 영역이 있었는가? 당신이 어려워하는 영역에만 집중하지 않기를 바란다. 스스로 잘 하고 있는 영역들을 알아 두는 것은 중요한 일이다. 인지적 강점들은 문제가 되는 증상을 관리하는 데 최고의 동맹군이 되어 줄 것이다. 점수가 가장 높은 영역에서 가장 낮은 영역 순으로 순위를 매겨 보라. 그러면 당신이 개선을 위해 가장 많이 노력해야 하는 영역이 어디인지를 금방 알게 된다. 또, 인지 유형에 관해 전반적인 통찰을 얻게 된다. 앞에서도 말했듯이 세상의 어떤 누구도 똑같지는 않다. 예컨대 당신은 감정 조절과 충동 억제, 정리와 계획 수립 영역을 어려워하지만 다른 누군가는 주의력과 집중력, 정신적 유연성 영역이 가장 힘들 수도 있다. 자신이 강한 영역과 약한 영역을 알고 있으면 어떤 부분에 먼저 집중해야 하는지 우선순위를 정할 수 있다.

앞으로 배우게 될 전략은 평생 활용할 것들이다. ADHD 증상을 가지고도 잘 산다는 것은 증상을 잘 관리하고 나의 인지 유형을 십분 활용해서 성공을 거둔다는 뜻이다. 이 부분에 관해서는 나중에 더 설명하겠다.

뇌의 연결을 바꿀 수 있다?

ADHD라고 해서 뇌가 플라스틱으로 만들어진 건 아니다. 모든 포유류의 뇌와 신경계에 있는 것과 동일한 세포, 신경, 조직의 놀라운 결합으로 만들어져 있다. 뭔가가 플라스틱처럼 '가소성plasticity'이 있다는 말은 유연하고 변화 가능성을 지닌다는 뜻이다.

수십 년 동안 과학자들은 우리의 뇌가 어린 시절에 발달하고 나서 멈춘다고, 그래서 뇌가 고정된 채로 변화하지 않는다고 생각했다. 다행히 뇌 영상 촬영 연구를 비롯한 여러 혁신적인 연구들이 뇌는 평생 동안 놀랄 만큼 많은 변화를 일으킬 수 있다는 사실을 밝혀냈다(231쪽 Fuchs＆Flugge의 연구 참고). 물론 35세 때 뇌를 변화시키는 것보다 75세 때 뇌를 변화시키는 것이 더 어렵지만, 불가능한 일은 아니다.

신경 가소성neuroplasticity이란 뇌의 구조가 극적으로 바뀐다는 뜻이 아니다. 여기서 변화란 신경 연결의 변화를 뜻한다. 신경 가소성이 있기에 우리의 뇌 안에 만들어져 있는 연결을 바꿔 나갈 수 있다. 이 책에서 알려 주는 검증된 연습법을 통해 뇌를 변화시켜 보라.

인생은 마라톤

누군가가 무거운 물체를 들어 올릴 때 근섬유들은 찢어졌다가 더 크고 강하게 재건된다. 헬스장에서 새로운 운동을 배우려면 처음에는 어색하기도 하고 노력도 많이 필요하지만, 조금만 지나면 자동으로 움직이게 되고 힘도 훨씬 덜 든다. 내가 제안하는 연습도 마찬가지다. 처음에 조금만 노력을 기울여도 결과가 나오고 금방 기분이 좋아진다. 연습을 계속 해 나가면 당신은 시간이 갈수록 강해진다. 장담하건대 지금으로부터 1년 후에 돌아보면 당신이 지금 힘들어하는 문제들 대부분이 작아져 있을 것이다. 그리고 이 연습과 기술들을 활용하는 일이 마치 샤워하기나 양치하기처럼 자연스러운 습관이 되어 있을 것이다.

ADHD 증상과 함께 살아가는 일은 마라톤을 하는 것과 같다. 마라톤이 다른 종목과 다른 점은 '장기전'이라는 것이다. 마라톤 훈련과 마찬가지로 당신에게도 좋은 날과 나쁜 날, 빠른 날과 느린 날, 부상을 당해서 회복이 필요한 날이 있을 것이다. 평생 동안 증상을 관리한다는 것은 굴곡이 많은 여정이다. 어떤 날은 집중이 잘 되고 생산성이 높다가도, 어떤 날은 제대로 되는 일이 없을 것이다. 또 어떤 날은 그동안 가능하다고 생각해보지도 못했던 성과를 올릴 것이다. 그래도 하나 분명한 것은,

날마다 노력하면 발전이 있다는 사실이다. 당신이 이 책을 통해 장기간에 걸쳐 노력을 쏟고 보상을 얻으면서 더 나은 삶을 살고자 한다면, 그거야말로 옳은 생각이다.

행동과 습관이 실제로 어떻게 삶을 변화시킬 수 있을까? 내가 진료실에서 제일 자주 듣는 불만이 있다. "저는 증상을 완화하려고 새로운 방법을 시도해도 항상 실패해요. 어떤 일도 꾸준히 계속할 수가 없어요." 이 책을 읽는 사람들 모두가 이런 불만에 공감할 듯하다. 새해 결심을 생각해 보자. 1월 1일이 오면 모든 헬스장과 운동 모임에는 사람들이 바글바글하다. 새로 온 사람들이 멋진 운동화를 신고 러닝머신 위에서 뛰거나 스피닝 수업에 참여한다. 2월 1일이 되면 언제 그랬냐는 듯 헬스장에 사람이 거의 없다. 무슨 일이 벌어진 걸까? 그 사람들이 모두 목표를 이뤄서 나간 걸까? 전혀 아니다. 운동 열차에서 떨어진 그들은 감자칩 봉지를 집어 들고 제일 좋아하는 텔레비전 프로그램을 몰아보고 있다. 당신에게도 이런 일이 생길까? 당연하다. 하지만 당신이 증상을 완화하기 위한 다양한 기술들을 익혔다면 이야기는 달라진다. 그 기술들은 생활에 도움이 될 뿐 아니라 당신이 신속하게 궤도로 돌아오게 해 줄 테니까.

자기 자신에게 어떤 메시지를 들려주느냐는 큰 차이를 낳는다. 사람들이 나에게 "저는 할 일 목록도 만들어 봤고 타이머도 써 봤지만 소용이 없더라고요"라고 말할 때, 내가 조금 더 자세히 캐물으면 대개의 경우 다른 대답이 나온다. 그들은 하루라도 그 기술을 활용하지 않은 날에는 스스로에게 부정적인 말을 들려줬다. "조니, 이제 알겠지? 넌 제대로 해내는 게 하나도 없어. 너는 절대 변하지 않을 거야." 하지만 그건 전적으로 틀린 말이다. 나는 수백 명의 사람들을 만났고, ADHD로 인한 정말 심각한 상황에 직면해서도 그들이 잘 살아가는 모습을 봤다. 이제 그런 사고방식은 버릴 때가 됐다. 이제 말의 등에 올라타고 달려 나가야 한다.

우리가 지금 개선의 여정을 시작하는 이유는 당신이 더 많은 것을 할 수 있고 그렇게 되길 원하기 때문이다. 당신은 곁에 있는 소중한 사람들을 위해, 그리고 자기 자신에게도 더 나은 사람이 되고 싶을 것이다.

이쯤에서 당신이 피해야 할 잠재적인 위험에 관해 짚고 넘어가야겠다. 이 책을 빨리빨리 넘겨서 일주일 안에 끝내고 싶은 유혹을 느끼는 사람이 많을 것이다. 그건 실수다. 책을 완독하고 책에 소개된 놀라운 도구들을 모두 허리띠 밑에 장착하면 기분은 당연히 좋겠지만, 그렇게 서둘러서 얻은 도구들은 오래가지 않는다.

이 도구들이 당신에게 도움이 되는 든든한 기술로 자리잡으려면 시간과 연습이 필요하다. 하루에 최소 20분에서 30분 정도를 투자할 때 효과가 가장 클 것이다. 의식적으로 연습 시간을 정해 놓기를 권한다. 시간을 정하고 나면 달력에 표시하라. 스스로 원해서 하는 일이라는 것을 잊지 말라. 당신은 실질적인 변화를 원한다. 당신을 옥죄는 사슬을 끊고 높이 날기를 원한다.

<u>요약</u>

- 삶을 잘 살아 나가려면 정신적 코어 기술들이 필요하다.

- 인지 유형 진단을 통해 당신이 어떤 강점과 약점을 가지고 있는지 알아볼 수 있다.

- 우리의 뇌는 '가소성'이 있어서 얼마든지 변화할 수 있다.

- ADHD 증상을 관리하는 일은 긍정적인 결과를 얻기 위한 평생의 실천이다.

- 코어 기술을 강화하기 위한 실행 기능 연습은 신체의 근육을 단련하는 운동과 비슷하다.

- 당신은 더 많은 능력을 가지고 있고, 더 나은 삶을 살 자격이 있다.

2장

주의력·집중력 향상 기술

기억력과 주의력은 불가분의 관계

기억이 형성되려면 매 순간 적절한 주의를 기울이는 능력이 반드시 필요하다. 사실 우리가 '잊어버린다'고 일컫는 행위는 대부분 처음에 기억이 완전하게 형성되지 않은 결과다. 기억을 확실하게 붙잡은 적이 없으니 그 기억이 우리의 손아귀를 빠져나가는 것이다. 기억이 형성되는 경로는 주의attention 또는 자각 awareness에서 시작된다. 주의 또는 자각을 통해 정보가 작업기억 안으로 들어가고, 다음으로 단기기억에 들어가고, 마지막으로 장기 보관을 위해 장기기억으로 들어간다.

기억 형성에 주의력과 집중력이 얼마나 중요한가를 생각

해 보면 ADHD 성인들에게 기억과 관련된 문제가 많이 일어난다는 점이 충분히 이해된다. 내가 지금 무슨 일을 하던 중인지, 어제 점심에 뭘 먹었는지, 어떤 일을 끝내고 어떤 일을 못 끝냈는지 잊어버린다는 것은 수많은 사람이 매일같이 실제로 겪고 있는 고통이다. 건망증은 당사자와 주변 사람들에게 좌절을 불러일으킨다. 해야 할 일, 중요한 정보, 사람들의 이름 따위를 잊어버리면 스스로 수치심을 느끼고 뭔가를 잊어버리는 모습을 남들에게 보여 주면 마음이 불안해지면서 자신을 믿지 못하게 된다. 그러면 기억력은 더 나빠지고, 마음은 더 불안해지고, 수치심은 더 커지는 악순환이 이어져 문제가 더 많이 발생한다.

사람들이 기억력 때문에 겪는 어려움은 대체로 비슷비슷해서 진부하게 느껴지기도 한다. 그게 정말 좌절할 만큼 힘들고 고통스러운 일이 아니라면 대부분 티셔츠나 자동차 범퍼 스티커에 농담처럼 새길 수 있을 정도다. 하지만 누군가에겐 기억력이 성공에 실질적인 영향을 미칠 만큼 중요한 문제다.

"내가 하려던 말이 뭐지?" "내가 왜 여기에 왔더라?" "내가 지금 뭘 하고 있는 거지?" 이런 말을 자꾸 하게 되면 고통스럽다. 나는 자제력을 발휘하고 집중을 방해하는 요소들을 통제하는 데 도움이 되는 기술들을 알려 주려고 한다. 당신은 궤도 이탈을 방지하고, 기억력을 향상시키고, 중요한 순간에 집중력을 발휘하는 방법을 배우게 될 것이다.

당신의 업무나 생활방식에 따라 어떤 기술들이 다른 기술들보다 더 필요할 수도 있다. 장기간 이어지는 복잡한 프로젝트를 진행하는 사람들은 집중력을 유지하는 기술과 프로젝트를 적당한 크기로 쪼갠 다음 반짝 집중해서 완성하는 기술을 익히면 유익할 것이다. 아이들이 여러 명 있는 집이나 학교처럼 정신없는 환경에서 일하는 사람들은 작업기억을 개선하면 좋다. 집중력과 기억력 때문에 힘든 영역이 무엇이든 간에, 당신에게 도움이 되는 기술들을 충분히 습득할 수 있다. 기억하라. 당신은 더 나은 삶을 살 자격이 있고, 더 나은 삶을 만들어 갈 수 있는 사람이다. 그럼 이제 시작해 보자.

일 처리에 꼭 필요한 작업기억

일반적으로 '기억력'이라고 하면 지금까지 살아오면서 수집한 장소와 사물, 사실과 지식, 사람들을 떠올린다. 기억이란 당신이 처음으로 외웠던 전화번호라든가 초등학교에 다니던 시절의 풍경일지도 모른다. 그런 것도 기억인 건 맞지만, 작업기억Working Memory, WM에 속하지는 않는다. 작업기억이란 지금 집중하고 있는 내용을 의미한다. 처음 학교에 간 날, 첫 키스, 고양이가 나무에서 못 내려왔던 일, 운전을 배웠던 경험은 삶의 중요한 사건이긴 하지만 그런 종류의 기억은 일상생활에서 당신을 힘들게 하지 않는다. 만약 그런 것들을 잊어버린다면 서글프기야 하겠지만, 일 처리에 방해가 되지는 않을 것이다. 일을 잘 처리하는 데 필요한 것이 작업기억이다. 작업기억은 당신이 그때그때 하고 있는 일을 기억하고 당면 과제를 처리하는 데 필요한 모든 정보를 붙잡아 두는 역할을 한다. 당신이 지금 이 책의 이 부분을 읽는 동안 사용되고 있는 것이 바로 작업기억이다. 당신의 작업기억 안에는 지금 읽고 있는 문단과 문장 또는 이 장의 주제가 들어 있다.

어떤 방에 들어갔는데 들어간 이유를 까먹었다거나, 펜을 놔둔 위치를 잊어버렸다거나, 냉장고에서 꺼낸 우유와 선반에서 가져온 시리얼을 반대로 갖다 놓는다거나 하는 일들은 모두 작업기억에 문제가 생긴 사례들이다. 이런 증상은 ADHD가 있든 없든 사람들에게 점점 더 흔하게 나타나고 있다. 스마트폰과 태블릿을 과도하게 사용하면 뇌는 거의 항상 과제를 전환하는 상태가 되고, 잦은 과제 전환은 작업기억에 무리를 준다. 하나의 과제에서 다음 과제로 넘어갈 때마다 작업기억에 부담이 가해진다. 내가 치료한 사람들은 하나같이 잦은 과제 전환의 부

작용을 겪고 있었다. 나 역시 과제 전환의 유혹을 잘 이겨내지 못한다. 그래서 이 책의 집필에 집중하기 위해 휴대전화를 꺼놓고, 이메일을 닫아 놓고, 모든 알림을 무음으로 바꿨다.

작업기억은 뇌가 매일, 매 순간 실행하는 중요한 기능이다. 그러므로 작업기억을 강화하려면 뇌 전반의 건강과 기능을 반드시 고려해야 한다. 예컨대, 내가 진행하는 스트레스와 성과에 관한 워크숍 참가자들 대부분이 과도한 스트레스의 대표적인 증상이 건망증이라는 사실을 알고 놀란다. 스트레스를 받은 사람의 몸에서는 기억을 형성하고 회수하는 능력에 부정적인 영향을 미치는 호르몬이 분비된다.

나는 뇌의 기능과 기억력을 향상시키기 위한 가장 확실한 방법으로 잘 자고 운동하기를 권한다. 운동이 기억력에 좋은 정확한 이유는 규명되지 않았지만, 운동을 하면 스트레스가 줄어든다는 것만은 분명하다. 또한 수면은 스트레스를 완화하고 뇌와 신체의 회복을 돕는다. 어떤 사람이 충분한 수면을 취하고 있지 않다면 그 사람의 집중력과 기억력은 저하된다. 아마도 "잠을 잘 자고 운동하라"라는 말을 들으면 넌덜머리가 날 것이다. 수면과 운동이 중요하다는 것을 누가 모르겠는가. 그러니 이제부터는 작업기억을 강화하기 위해 어떻게 해야 하는지 구체적인 방법을 알아보자.

▶ 뇌가 잘 돌아가게 운동을 하거나 움직임을 늘린다.

조금씩이라도 좋으니 매일 운동을 한다. 심장 박동수를 높여주는 활동을 30분쯤 하는 것이 제일 좋지만, 10분간 스트레칭을 하거나 잠깐 동네를 산책해도 긍정적인 효과는 있다.

▶ 수면 시간을 반드시 확보한다.

8시간 수면은 미리 계획하지 않으면 지키기 어렵다. 대다수 사람은 밤 10시에 잠자리에 들어서 아침 6시에 일어나는 정도는 어렵지 않게 할 수 있다. 당신에게 맞는 시간대를 설정하고, 앞으로 그 시간표를 따를 것이라고 주변 사람들에게 미리 알린다.

▶ 다른 일로 넘어가기 전에 지금 하고 있는 일에 이름이나 별명을 붙인다.

다른 일로 전환해야 하거나 지금 하고 있는 일을 잠시 중단해야 한다면, 당신이 지금 무슨 일을 하고 있으며 나중에 어디로 돌아와야 하는지를 스스로에게 말한다. 예를 들면 다음과 같다. "나는 회계사에게 전달할 지출 내역을 정리하고 있어. 이따가 2023년 6월의 지출 내역으로 돌아와 일을 계속해야 해."

▶ 나 자신과 긍정적인 대화를 나눈다.

조금 전까지 하고 있는 일을 잊어버렸더라도 스스로를 친절하게 대한다. 일을 망쳤다고 부정적인 말로 자책하면 사태는 더 나빠진다. 대신 이렇게 말해 보라. "나중에 생각 날 거야. 큰 문제는 아니야."

연습 1 ▶ 서사 만들기

하려는 일에 관한 서사나 스토리를 만들면 조금 전까지 하고 있었던 일을 잊어버리거나 주의가 산만해질 확률은 낮아진다. 기억력 강화에도 큰 도움이 된다.

1 해야 할 일을 정하라. 너무 복잡하지 않은 일이어야 한다. 벽에 그림 걸기, 옷장 정리하기, 고객을 위한 서류 챙기기 같은 일이 적합하다.

2 그 일을 하는 데 필요한 모든 단계가 포함되고 발단, 전개, 결말로 구성되는 이야기를 자신에게 들려준다. 도움이 될 것 같으면 노트에다가 이야기를 글로 쓴다.

3 그 일을 하라!

예시 아라셀리는 거실에 그림 두 점을 걸어야 한다. 그래서 그 일과 관련된 서사를 다음과 같이 만들었다. "첫째, 나는 망치와 못과 갈고리를 가져올 거야. 둘째, 나는 차고로 가서 말 그림과 고양이 그림을 찾아서 거실로 가져올 거야. 그다음에는 거실의 어느 위치에 두 그림을 걸지 결정할 거야. 그러고 나서 벽에다 못을 박아 갈고리를 설치할 거야. 마지막으로 그림을 걸고 소파에 앉아서 내가 해낸 일에 감탄할 거야."

연습 2 ▶ 작업기억 시험하기

프로 운동선수들은 플레이를 연습하고, 군인들은 군사 작전을 연습하고, 우주 비행사들은 시뮬레이션으로 우주 비행을 연습한다. 그러니까 당신도 시뮬레이션 연습법으로 작업기억을 향상할 수 있다.

1 연습 1의 1단계와 2단계를 수행한다. 단, 이번에는 새로운 과제로 해 본다.

2 친구나 가족에게 당신이 과제를 수행하는 도중에 질문을 던져서 방해해 달라고 부탁한다. 당신의 일을 방해하는 그 사람에게 "일을 끝내고 나서 대답할게" 또는 "일을 끝내고 나서 도와줄게"라고 말한다. 그 다음에는 당신이 지금 하고 있는

일 또는 하려고 하는 일의 일부분을 스스로에게 다시 이야기로 들려준다.

[예시] 아라셀리는 벽에 걸 그림 두 점을 꺼내기 위해 차고로 걸어간다. 그녀가 차고로 가는 도중에 방안에서 일하던 남편이 말을 시킨다. "우리 복도에 칠할 페인트를 무슨 색으로 하면 좋을까?" 아라셀리는 발걸음을 멈추고 대답한다. "좋은 질문이야, 제이콥. 내가 생각해 놓은 게 있는데 지금 하는 일만 끝내고 나서 당신한테 말해 줄게." 그러고 나서 아라셀리는 자신에게 다음과 같은 이야기를 들려준다(소리 내서 말해도 되고 속으로 생각해도 된다). "지금 나는 차고에서 말 그림과 고양이 그림을 꺼내러 가는 길이야."

기억을 오래가게 하려면

종합기억Overall Memory은 '기억'이라고 할 때 사람들이 흔히 떠올리는 것이다. 세부사항, 중요한 사건, 사람 이름 등에 관한 축적된 지식을 가리킨다. 종합기억을 향상시키기 위한 뇌의 준비운동으로 간단한 자각 연습을 해 보자.

연습 3 ▶ 자각 테스트

1 노트와 펜을 가져와서 탁자 위에 올려놓는다. 그러고 나서 다른 방에 들어간다(어떤 방이든 상관없다).

2 3~5분 동안 방 안 구석구석을 눈으로 살펴보며 그 방에서 당신이 보고 듣고 느끼는 것에 관해 최대한 많은 것을 자각한다. 그 안에서 형성되는 모든 기억과 느낌이 당신의 머릿속에 자리잡게 한다.

3 노트가 있는 곳으로 돌아와서 가장 기억에 남는 것을 쓴다. 방에서 봤던 물건인가? 조명? 방의 냄새? 아니면 다른 자극? 아니면 기분이나 추억?

이 연습에서 당신은 종합기억을 구성하는 수많은 정보의 층 안으로 들어간다. 또 당신은 자각을 활용해서 정보를 받아들이고 수집하는 연습을 하게 된다. 집중된 자각은 정보를 보관하는 데 도움이 된다. 적절한 자각이나 주의가 없으면 기억은 제대로 형성되지 않는다. 물론 더 강렬하고 오래 지속되는 기억을 만드는 데 도움이 되는 다른 요소들도 있다.

우리는 진화의 과정에서 특정한 기억들을 계속 간직하게 해 주는 귀중한 도구를 획득했다. 그 도구는 바로 '감정'이다.

감정으로 채워진 사건과 정보는 가장 기억하기 쉽고 잊어버리
긴 어렵다. 특히 부정적인 감정은 강렬한 기억을 형성한다. 우
리 모두에게는 잊어버리고 싶은 부정적인 사건들이 있다. 창피
당했던 일, 무서웠던 일, 자괴감에 젖었던 일. 우리는 뇌의 기록
장치에서 그 일들을 삭제하고 싶어 하지만 그렇게는 안 된다.
잊어버리고 싶은 기억은 특별히 끈질기다. 전기, 에어컨, 슈퍼
마켓 같은 편리한 것들이 생기기 전에는 어떤 식물이 병을 일으
키는지, 아니면 어디서 곰이 나타나 우리를 덮칠 수 있는지 기
억하는 일이 생존에 대단히 중요했다.

　그렇다면 긍정적인 감정은 강렬한 기억으로 이어지지 않
는다고 봐야 할까? 그렇다. 하지만 우리는 긍정적인 기억을 강
화하기 위해 긍정적인 감정에 대한 자각을 키우려고 노력해야
한다. 만약 당신이 일을 망쳤던 기억들만 가지고 있다면 당신의
자아상self-image은 일을 망치기만 하는 사람의 자아상으로 변해
간다. 의식적으로 노력해서 긍정적인 경험에 이름표를 붙여라.
삶에 형광펜으로 표시를 하는 것이다. 시간 약속을 잘 지켰을
때나 일을 일찍 끝냈을 때 스스로 등을 두드려 주고, 그 일을 잘
해낸 이유를 곰곰이 생각해 보는 것이 중요하다.

　'글'로 쓰면 기억이 더 공고해지는 것도 진화와 관련이 있
다. 내가 이 책에 소개한 연습 과제를 수행할 때 컴퓨터나 태블

릿이 아닌 노트를 사용하라고 하는 데는 다 이유가 있다. 우리는 손글씨와 함께 진화했고, 손으로 글씨를 쓰는 행위는 배움의 육체적인 표현이다. 글쓰기에 관해서는 이 장의 뒷부분에서 더 알아볼 것이다. 지금은 문자 언어가 발명되기 전에도 인류가 그림 글자를 활용해서 정보를 저장하고 지식을 공유했다는 사실만 짚고 넘어가자. 세계 각지의 동굴 벽면이나 바위에서는 1만 년이 넘게 지난 그림들이 발견된다. 기억을 보존하기 위해 필기 도구를 활용하는 것은 인류 진화의 역사 속에 새겨져 있는 행동이다. 당신도 기억력 향상을 위해 그림 글자를 활용해 보라. 간단한 선만 사용해서 어떤 사건이나 정보를 그림으로 그려보면 강렬한 기억이 형성될 가능성이 높아지고, 나중에 기억을 되살릴 때도 그 그림을 활용할 수 있다.

종합기억을 증진하는 또 하나의 방법은 '비유'를 활용하는 것이다. 내가 대학 교수로서 처음으로 교원 평가를 받았던 때의 일이다. 나는 강의에서 개념들을 설명할 때 직유와 은유를 많이 사용하라는 권고를 받았다. 그전까지는 그런 생각을 해 본 적이 없었다. 알고 보니 비유는 학생들이 정보를 기억으로 바꾸는 데 도움을 주는 훌륭한 교수법이었다. 새로운 사실을 알게 되어 흥미를 느낀 나는 비유를 처음 접한 게 언제였는지를 따져 봤다. 어머니에게 물어보니, 내가 학교에서 배운 것을 잊지 않게 해 주려고 어머니는 항상 은유를 사용하셨다고 했다(고마워요, 어머니!). 하지만 그 요령을 공부에만 적용하라는 법은 없다. 일상 생활 속에서도 기억력을 향상시키는 데 활용할 수 있다. 예컨대 당신이 어떤 프로젝트를 시작하기 전에 단계별로 계획을 수립하는 일을 매번 잊어버린다면, 〈헨젤과 그레텔〉이라는 동화에 나오는 '빵 부스러기' 은유를 활용해 보는 것이다. "대형 프로젝트를 진행해야 하는데, 어떻게 시작해야 할지 모르겠어. 오, 맞아. 나중에 길을 찾기 위해 빵 부스러기를 떨어뜨려 놓아야지." 아니면 〈오즈의 마법사〉에 나오는 '노란 벽돌 길' 은유를 활용할 수도 있다. "이 프로젝트를 어떻게 해낼 수 있을지 모르겠다. 아, 그래. 노란 벽돌 길을 따라가자. 프로젝트의 각 단계를 미리 써 놓는 거야."

종합기억 강화에 도움이 되는 실용적인 팁이 몇 가지 더 있다.

 ▶ 뭔가를 잊어버렸을 때는 심호흡을 한다.
할 일이나 중요한 정보가 생각나지 않으면 천천히 심호흡을 세 번 하라. 그러면 긴장이 풀리면서 집중이 잘 되고 더 잘 기억할 수 있다.

▶ 정보 예행연습을 한다.

머릿속에 정보를 집어넣고 또 집어넣는 행위를 뜻한다. 예행연습을 하면 정보가 기억으로 바뀐다. 예를 들면 다음과 같이 해 보는 것이다. "의사 선생님 진료 예약을 8월 6일로 잡았다고 수지에게 말해야 해. 8월 6일 의사 선생님 약속, 8월 6일 의사, 8월 6일에 의사 선생님 약속이라고 수지에게 말하기." 어쩌면 당신은 이미 이런 방법으로 전화번호를 외우고 있을지도 모른다.

▶ 기억법을 활용한다.

기억법은 복수의 단어나 개념을 기억하기 위해 머리글자의 패턴을 이용하는 것이다. 예컨대 미국의 5대호를 기억하기 위해 휴런Huron, 온타리오Ontario, 미시간Michigan, 이리Erie, 수페리어Superior의 앞 글자를 따서 HOMES로 외운다.

▶ 마인드셋을 점검한다.

뭔가를 암기하거나 생각해 내려고 하는데 이미 정신적 피로를 느낀다면 십중팔구 문제가 생길 것이다. 당신의 마음이 '확신에 찬 표정'을 지을 수 있도록 마음가짐을 바로잡는 것이 중요하다. "좋아, 자신 있어. 나는 이걸 외울 수 있어." "저건 기억할 수 있겠다. 잠시 시간을 내서 나의 뛰어난 암기 기법을 사용해야지."

연습 4 **감정과 비유**

1 당신의 경험을 돌이켜 본다. 뭔가를 깜박하는 바람에 자꾸만 하게 되는 실수가 있는가? 계단 맨 위에 신발을 놓고 잊어버리는 것과 같은 작은 실수일 수도 있고, 직장에서 회의 시간을 놓치는 것과 같은 큰 실수일 수도 있다. 생각나는 게 있으면 노트에 쓴다.

2 과거에 그런 상황이 발생했을 때 기분이 어땠는지를 기록한다. "내가 계단 위에 신발을 두었을 때, 남편(아내)은 버럭 화를 내면서 아이들이 내 신발에 발이 걸려서 계단에서 떨어질 수도 있었다고 말했다. 나는 나쁜 부모가 된 기분이었고, 간단한 일도 못 해내는 사람이라는 생각이 들었다. 슬프고 좌절스러웠다."

3 반복되는 행동에 대한 비유를 만든다. 예를 들면 이렇다. "직장에서 회의 시간을 놓치면 나는 지적을 당할 것이고, 나중에는 일자리를 잃고 생활비를 벌지 못하게 될지도 모른다. 그건 어린아이가 브로콜리 몇 조각을 안 먹겠다고 버티다가 아이스크림까지 못 먹게 되는 것과 같다. 분명, 현명한 행동이 아니다!"

1 가족이나 친구에게 최근에 꾼 꿈 또는 기억에 남는 꿈 이야기를 들려달라고 부탁한다.

2 이야기를 들은 다음에 노트에 간단한 선으로 그림(그림 글자)을 그리거나 연상 기억법의 단서를 만들어 본다. 여기서 예술적 재능은 중요하지 않다.

3 2~3일 후에 그림 글자 또는 연상 기억법의 단서를 이용해 꿈에 대한 기억을 되살려 꿈 내용을 노트에 써 본다. 그 꿈을 꾼 사람에게 당신이 쓴 내용을 읽어 주거나 이메일로 보내서 그게 정확한지 확인받는다.

떼려야 뗄 수 없는 '지시'와 '집중'

ADHD 증상이 있는 사람들에게 '지시문'은 욕설이나 다름없다. 지시를 따르는 일이 그들에게는 그만큼이나 어렵다는 말이다. 지시 사항을 잊어버리거나, 제대로 못 듣거나, 헷갈리거나, 엉터리로 수행하는 일이 다반사다. 그래서 인간관계에 갈등이 생기기도 하고 직장과 학교에서 좋은 성과를 올리지 못하기도 한다. 당신은 어떤 일을 하려고 자리에 앉았는데 막상 앉고 나니 뭘 하려고 했는지 생각나지 않고 주변에 물어볼 사람도 없었던 순간이 많았을 것이다. 아니면 어떤 일을 굉장히 열심히 했는데 나중에 보니 완전히 잘못된 방법으로 하고 있었던 적도 많았을 것이다. 그런 상황들은 자존감을 갉아 먹고, 주변 사람들이 당신을 의심하거나 미워하게 만든다.

나는 ADHD 성인들을 상담할 때 필요한 내용들을 종이에 인쇄해서 나눠주거나, 내가 말하는 내용을 그들이 직접 종이에 쓰게끔 한다. 지시문이 없으면 성공 가능성은 눈에 띄게 낮아진다. 누군가가 당신에게 지시를 할 때, 또는 당신이 어떤 과제를 수행하기 위해 스스로에게 지시를 할 때 도움이 되는 요령들을 익혀 놓자. 스스로에게 지시를 한다는 말이 조금 이상하게 들릴지도 모르겠지만, 사실 우리는 늘 그런 행동을 하면서도 의식하지 못할 뿐이다. 이제부터 지시받은 내용을 기억하는 요령, 지시를 따르는 요령, 그리고 지시 내용을 잊어버렸을 때 지시문을 새로 만들거나 재구성하는 요령을 알아보자.

백만 달러짜리 질문이 있다. 당신에게 주어진 지시 내용을 파악하기 위해 가장 중요한 첫 번째 단계가 무엇일까? 짐작이 가는가? 당신은 답을 이미 알고 있다. 그렇다. 그건 바로 '집중'이다! 이 세상에 정신의 접착제 같은 게 있다면, 나는 당신에게 '지시'와 '집중'이라는 단어를 영구적으로 접착하라고 권하고 싶다. 누군가가 "자, 당신이 해야 할 일은…"이라든가 "다음과 같이 차례로 실행하세요"라든가 "내일 회의를 해야 하니까…"라고 말할 때마다, 혹은 지시, 방향, 요구 사항을 의미하는 신호가 포착될 때마다 당신은 '이제 집중하자!'라고 생각해야 한다. 물론 집중은 그 자체로 어려운 일이기 때문에 우리는 집중을 방해하는 요소들에 관해서도 살펴볼 예정이다. 여기서는 당신이 곧 지시를 받게 된다는 단서를 잘 감지하고 그 지시에 귀를 기울이려고 노력해야 한다.

그리고 만약 당신이 지시를 받기 직전인데 부지불식간에 '그래요, 그래요. 다 알아요'라든가 '나는 뭘 해야 하는지 이미 알고 있는데'라고 생각한다면, 당신의 작업기억에 커다란 맹점이 생기고 있다는 것을 눈치채야 한다. 그 지시가 어떤 내용인지 당신이 다 안다고 가정하지 말고, 비록 간단한 정보라도 그 정보를 계속 기억할 수 있다고 스스로를 과대평가하지 말라. 사람 많은 식당에 갔는데 종업원이 당신의 주문을 받아 쓰지 않은 적이 있었을 것이다. 그럴 때 어떤 일이 벌어지는가? 주문이 잘못 전달될 수도 있고, 소스를 듬뿍 달라거나 마늘을 빼 달라는 요청이 실행되지 않을 수도 있다. 당신은 직장에서나 가정에서나 이런 덫에 걸리지 않아야 한다. '그래요, 그래요, 다 알아요'와 같은 태도는 중대한 실수와 시간 낭비로 이어지는 지름길이다.

이제 당신은 집중하고 있고 나의 지시를 잘 들을 준비가 되어 있다. 성공을 보장하기 위해 다음과 같은 팁을 활용하라.

Tip ▶ **지시 사항을 종이에 쓴다.**

당연한 소리 같지만 이 단계를 건너뛰는 경우가 많다. 지시를 수행할 때 가장 중요한 불변의 법칙을 기억하자. "기록하지 않은 것은 존재하지 않는다."

▶ **처음부터 세부적인 사항에 얽매이지 않는다.**

모든 사람이 중요한 지시 사항부터 이야기한 다음 세부사항을 전달한다면 정말 좋겠지만, 보통은 그렇지 않다. 지시는 빠른 속도로 당신에게 전달될 것이고, 단계별로 세부적인 사항이 아주 많을 것이다. 당신에게 지시를 하는 사람은 이미 다음 단계로 넘어갔는데 당신이 첫 단계의 세부사항들을 모두 메모하지 못했다면? 그냥 다음 단계로 바로 넘어가서 그때부터 메모를 시작하라. 나중에 앞으로 돌아가서 빠진 정보를 채우면 된다.

▶ **반복과 요약을 한다.**

지시 사항이 다 전달된 후에 그 사람에게 다시 한번 확인을 요청한다. "알겠습니다. 제가 제대로 이해했는지 확인할게요. 첫 번째로 제가 이렇게 하고, 다음으로는 이걸 하고…" 놓친 정보가 있다면 이때 보충해야 한다. 당신이 지시 사항을 메모할 수 없는 경우도 있는데, 이럴 때는 반복과 요약이 더욱 중요하다.

▶ 지시 사항에 부분별로 맥락과 의미를 부여한다.

사람들은 프로젝트나 업무가 전체적으로 중요하다는 사실은 알지만 그 프로젝트나 업무의 모든 단계에 의미와 중요성을 부여하지는 않는다. 고등학교 수학을 공부하던 때를 생각해 보자. 당신이 나 같은 학생이었면 문제의 답이 중요하지, 풀이 과정을 쓰는 일을 중요하게 생각하지는 않았을 것이다. 사실 수학에서 풀이 과정은 매우 중요하다. 내가 개념을 제대로 이해했는지 확인할 수 있는 방법이기 때문이다.

▶ 스스로 내용을 파악한다.

당신이 지시를 받지 못했든, 잊어버렸든, 메모를 안 했든 중요한 것은 어쨌든 그 일을 해내야 한다는 것이다. 지시 내용을 스스로 알아내는 유용한 방식은 단계별로 윤곽을 최대한 잡고 나서 내용을 채워 넣는 것이다. 이때 좋은 방법은 당신이 전에 해 봤던 일 중에 비슷한 것을 떠올리고 그 일에서 정보를 가져오는 것이다. 빈칸을 채우는 또 하나의 방법은 친구나 동료에게 물어보는 것이다. 당신을 도와줄 사람이 없다면 인터넷에서 정보를 찾을 수도 있다. 하지만 주의하라. 인터넷은 블랙홀처럼 주의를 분산시킨다.

▶ 다른 사람에게 지시를 해 본다.

지시 사항을 잘 몰라서 마음이 불안할 때는 다른 누군가에게 말하듯이 연습해 보면 좋다. 당신의 옆자리에 어떤 사람이 앉아 있는데 그 사람도 당신과 똑같은 과제를 수행해야 한다고 가정하고, 그 가상의 인물에게 과제를 수행하는 방법을 말해 보는 것이다. 당신은 생각보다 많은 지식을 가지고 있을지도 모른다.

연습 6 집중을 되찾고 지시 사항 기록하기

집중력을 극한까지 끌어올리는 연습이다. 이 연습을 성공적으로 수행하기 위해 내가 제시한 팁을 1개 이상 사용해야 할 것이다. 끝까지 해내지 못할 수도 있지만 그래도 괜찮다. 목표는 산만한 환경 속에서 지시 사항을 받아쓰는 연습을 하는 것이다.

1 5분~15분 길이의 조리법 동영상을 찾는다.
2 노트와 펜을 꺼내 동영상에서 알려 주는 지시 사항을 받아쓴다.
3 이어폰이나 헤드폰을 스마트폰과 같은 별도의 장치에 연결한다. 이어폰을 한쪽 귀에만 끼우거나, 한쪽 귀에만 소리가 들

리도록 조절한다. 당신이 좋아하지 않는 요란한 음악을 튼다.

4 노트북과 같은 별도의 장치에서 조리법 동영상을 재생한다. 이어폰을 끼지 않은 한쪽 귀로 들을 수 있을 정도로 소리를 키운다.

5 동영상을 한 번도 멈추지 않고 지시 사항을 받아쓴다. 쉽지는 않겠지만 그렇게 해야 한다.

연습 7 ▶ 백지 상태에서 지시문 만들기

1 친구나 가족에게 복잡한 과제를 내달라고 부탁한다. 당신이 실제로 그 과제를 수행할 것은 아니므로 과제가 무엇인지는 중요하지 않다. 친구는 당신에게 땔감을 장만하라는 지시를 할 수도 있고, 케이크를 굽거나, 액셀 파일을 만들라고 지시할 수도 있다.

2 당신의 불안 지수를 확인하고, 필요하다면 천천히 심호흡을 세 번 한다. 그러면 집중이 잘 되고 머릿속이 맑아진다.

3 과제를 여러 단계로 쪼개서 지시문의 개요를 작성한다. 이때 과거에 수행했던 비슷한 과제들을 떠올려야 할지도 모른다. 인터넷에서 지시문을 검색하기 전에 스스로의 힘으로 최대한 많이 작성한다.

4 개요의 각 항목에 세부적인 사항을 추가한다. 두려워하지 말고 당신의 직관을 믿어라.

5 가족이나 친구에게 당신이 쓴 지시문을 보여 주고 그게 그 사람이 지시한 과제와 일치하는지 물어본다. 당신의 지시문은 정확했는가? 그 지시대로 실행한다면 일이 잘 되겠는가?

집중을 방해하는 요소

흥미롭게도 주의력결핍과다행동장애, 즉 ADHD라는 진단명은 오해의 소지가 있다. 특히 성인들에게 그렇다. 이들은 사실 '주의력 결핍'이 아니다. 어떤 의미에서는 주의력이 지나치게 왕성하다고 말할 수 있다. 오히려 주의를 어디에, 얼마나 오래 집중시킬지 조절하는 능력이 부족해서 어려움을 겪는다. 주의가 완전히 흐트러진 상태 또는 한 가지 일에 아주 깊이 몰입한 상태에 익숙한 사람들인 것이다. 불행히도 과도하게 깊은 몰입은 예측하기가 어려우며, 당장 집중해야 하는 일에 몰입하게 된다는 법도 없다. 또한 이들의 대다수는 과다행동hyperactivity을 경험하지 않는다. 대체로 과다행동은 성인기에 이르면 사라지기 때문이다.

주의를 원하는 곳에 집중하기 어려운 특성은 어떤 상황에서는 귀중한 자산이 된다. 예컨대 참신한 아이디어를 곧잘 떠올리는 경우다. 나는 실리콘밸리에서 줄곧 일한 사람으로서, 아이디어를 떠올리는 능력으로 큰 부자가 된 ADHD 성인들이 많다고 장담할 수 있다. 그러니까 분명 좋은 점도 있는 것이다. 이들이 겪는 문제들은 대부분 집중을 시작하고 자신의 아이디어가 구현될 때까지 장시간 그 집중을 유지해야 할 때 발생한다.

나는 성인 ADHD 전문가이자 작가인 데일 아처Dale Archer 박사의 이 유명한 말을 정말 좋아한다. "당신이 병이라고 생각했던 것이 당신의 가장 큰 강점일 수도 있습니다." 버진 레코드 Virgin Records와 버진 항공Virgin Airline의 창립자인 리처드 브랜슨 Richard Branson처럼 ADHD로 살면서 성공한 사람들에게는 그 말이 딱 들어맞는다. 반면 대다수 사람은 ADHD를 매일 벌어지는 전투라고 느낀다. 그 전투의 최전선에 집중 방해 요소가 있다.

집중을 방해하는 요소는 어디에나 있지만 우리에게 늘 똑같은 영향을 미치지는 않는다. 어제 집중을 방해했던 요소가 오늘은 방해하지 않을 수도 있고, 그 반대일 가능성도 있다. 특정한 시점에 집중이 얼마나 쉽게 흐트러지는지는 스트레스 수준, 집중을 요구하는 활동 종류의 다양한 변수에 의해 결정된다.

방해 요소 중에 실제보다 과소평가되는 것으로 '정신적 방해'가 있다. 정신적 방해란 사람의 내면에서 생겨나는 생각과 감정이 방해 요소로 작용하는 것을 말한다. 진화의 관점에서 보면 부정적인 생각과 감정은 차단하기 어렵고 우리의 주의를 잘 붙잡아 둔다. 내가 해야 할 다른 일들에 관한 생각, 과거의 나쁜 경험, 몽상, 아이디어 같은 것들은 모두 스스로가 만들어 낸 정신적 방해 요소로서 집중을 저해한다.

다행히 모든 종류의 방해 요소를 관리하는 검증된 방법들이 있다. 내가 추천하는 방해 요소 관리 팁은 다음과 같다.

Tip ▶ **디지털 기기를 차단한다.**

오늘날 집중을 방해하는 대표적인 요소는 스마트폰, 태블릿 PC, 컴퓨터. 어떤 일에 집중하려고 자리에 앉을 때는 반드시 알람을 끄고, 채팅 프로그램을 모두 종료하고, 이메일 창을 닫고, 불필요한 브라우저 탭도 모두 닫아야 한다. 집중해야 하는 시간에 특정한 웹사이트나 앱을 자꾸 보게 된다면 '차단 앱'을 설치해 보라.

▶ **잡생각 일지를 쓴다.**

이것은 간단하지만 엄청나게 위력적인 도구다. 나는 이 책을 쓰면서도 잡생각 일지를 활용했다. 잡생각 일지는 한 장의 빈 종이일 수도 있고 일할 때 옆에 두는 노트일 수도 있다. 어떤 아이디어, 머릿속에 계속 떠오르는 생각, 중요한 일, 기억해야 할 사항이 머릿속에 떠오를 때마다 잡생각 일지에 기록하고 원래 하던 일로 돌아간다. 잡생각 일지는 마치 일기장처럼 당신의 머릿속에 있는 생각을 비워 주고, 마치 그물망처럼 중요한 생각과 아이디어를 안전하게 붙잡아서 나중에 다시 볼 수 있도록 해 준다.

▶ 당면 과제에 머무른다.

어떤 과제를 본격적으로 진행하기 전에 이른바 '목표 의도'를 강화하라. 다시 말하자면 당신은 어떤 과제를 수행해야 하는지 의식적으로 생각하는 시간을 가지고, 과제를 수행할 때도 목표를 두고 행동해야 한다. 만약 당신이 집중 방해 요소들에 자주 붙잡혀서 지금 하고 있는 일을 자꾸만 잊어버린다면, 접착식 메모지에 과제의 이름을 써서 컴퓨터나 업무 공간에 붙여 놓는 방법도 있다.

▶ 집중을 방해하는 요소들을 훅 불어서 날려 버린다.

진짜로 불어야 한다. 뭔가에 집중하고 있을 때 당신은 규칙적이고 리듬감 있게 호흡하며 많은 양의 공기를 들이마셨다가 내쉬게 된다. 반면 당신이 초조하고 긴장하고 산만할 때는 호흡이 얕고 불규칙해진다. 집중을 방해하는 요소들이 다가오는 것을 느끼면, 특히 그게 머릿속에서 생겨난 방해 요소라면 천천히 깊은 숨을 들이마시고 내뱉기 시작하라. 얼마 지나지 않아 집중이 더 잘 될 것이다.

▶ 소음을 차단하는 헤드폰을 사용한다.

환경이 허락한다면 소음 차단 헤드폰을 착용하길 권한다. 음악은 틀이도
좋고 안 틀어도 좋다.

▶ 집중을 방해하는 요소는 다른 방해 요소로 덮어 버린다.

이건 수수께끼도 아니고 속임수도 아니다. 외부의 소음을 차단하기 위해
음악을 틀면 일하는 동안 당신의 속도가 느려지지 않는다는 부가적인 효
과가 있다. 대부분의 사람은 박자가 일정하고 가사가 아예 없거나 거의
없는 음악이 집중에 좋다고 생각한다. 잘 모르겠다면 온라인에서 '집중
력 높이는 음악' '집중 잘 되는 음악' 등의 키워드로 검색해서 뜨는 곡을
선택해도 된다.

연습 8 ▶ 방해 요소 차단

당신이 원래 집중하기 쉬운 일을 수행하는 동안 위의 팁들을 활
용하는 연습을 해 보자. 예컨대 나는 사진을 편집할 때 집중이
잘 된다. 사진 찍는 것을 좋아하는 사람이고, 디지털이 익숙하
므로 컴퓨터로 내가 찍은 사진들을 직접 편집한다. 그 일을 할

때는 어렵지 않게 집중할 수 있다. 당신에게 집중하기 쉬운 일은 무엇인가?

1 원래 집중이 잘 되는 과제를 선택한다.

2 집중을 방해하는 요소가 많은 장소를 찾아본다. 카페나 사무실일 수도 있고, 아이들이나 룸메이트가 있는 집도 괜찮다.

3 잡생각 일지를 가져와서 작업 공간에 둔다.

4 선정한 과제를 시작한다. 10분쯤 일을 하고 나서 다음 단계로 넘어간다.

5 집중을 방해하는 생각 두세 가지를 의도적으로 떠올린다. 여기에는 두 가지 방법이 있다. 첫 번째는, 그냥 주위의 소음을 인식하면서 다음과 같이 생각하는 것이다. '이런. 여기는 정말 정신없네. 아무 일도 못 하겠어.' 두 번째는, 집이나 사무실에서 당신이 수행해야 할 다른 프로젝트를 생각하는 것이다. 그 프로젝트를 수행하기 위해 필요한 과제를 열심히 생각하라. 연습의 효과를 극대화하기 위해서는 주변의 방해 요소들을 의식하는 동시에 어떤 프로젝트에 관해 생각하기를 추천한다.

6 리듬에 맞춰 호흡하면서 마음을 가라앉히고 집중이 잘 되는 상태를 만든다.

7 잡생각 일지에 프로젝트의 명칭과 당신이 생각해 낸 과제들을 기록한다.

8 원래의 과제(집중이 잘 되는 과제)로 돌아간다.

9 경험을 노트에 짧게 기록한다. 심호흡 하기와 잡생각 일지를 잘 활용했는가? 다시 일을 시작하는 데 그 팁들이 도움이 됐는가?

연습을 끝마쳤으면, 같은 방법으로 다시 연습해 봐도 좋고 일상생활에서 이 기술들을 활용하기 시작해도 좋다. 어느 쪽이든 편한 것을 선택하면 된다. 당신의 직감을 믿고 자신감을 키워 나가라.

주의 집중을 유지하려면

집중을 유지하려면 자신의 행동 패턴을 잘 활용하는 것이 좋다. ADHD 증상을 가진 사람들 거의 모두에게서 발견되는 공통적인 특성 중 하나는 '새로움을 찾으려는 욕구'다. 일을 새롭게 만드는 방법으로는 온종일 똑같은 일을 수행하지 않고 여러 가지 일을 혼합하는 것이 있다. 물론 종일 똑같은 일을 하면서 지루한 시간을 보내야 하는 시기도 있겠지만, 여건이 된다면 여러 가지 일을 섞어서 해 보는 게 좋다. 새로움이 없으면 금방 지루해지고, 지루하면 쉽게 산만해지기 마련이니까.

연습 9 ▶ 프로젝트 분할하기

내 아내는 올림픽 대비 훈련을 받은 축구선수로서 대단히 열정적인 사람이다. 첫 아이가 태어난 후에 아내는 생애 최초로 마라톤 출전을 결심했다. 나는 결승선에서 아내를 기다렸다. 결승선으로 들어오는 사람들은 상태가 좋지 않았다. 울거나 덜덜 떠는 사람들도 있었고 토하는 사람도 있었다. 다들 몰골이 말이 아니었다! 그때 아내가 미소 띤 얼굴로, 땀 한 방울도 흘리지 않고 결승선에 들어왔다. 나는 아내에게 어떻게 그렇게 빨리 달리고도 기분 좋게 결승선까지 올 수 있었느냐고 물었다. 따뜻한 날씨에 42.195킬로미터를 몇 시간 동안 달린다는 건 쉬운 일이 아니었다. 아내는 그냥 한 번에 1킬로미터씩 가는 데만 집중했다고 대답했다. 그녀는 모든 1킬로미터 구간을 작은 경주처럼 여겼던 것이다. 지금 생각해도 그건 천재적인 발상이었다.

　이번에는 대규모 프로젝트 두 개를 작게 쪼개는 연습을 해보자. 그러면 언제라도 여러 가지 일들을 혼합할 수 있게 된다.

의도적인 과제 전환으로 새로움을 추구하려면 언제 한 과제를 중단하고 다른 과제로 넘어갈지를 알아야 한다. 이 연습은 그런 면에서 당신에게 도움이 된다.

1 시간이 많이 소요되는 프로젝트 두 개를 선정한다.

2 각 프로젝트를 검토하면서 하나의 프로젝트를 중단하고 다른 프로젝트로 전환할 시점을 결정한다. 예를 들면, 나는 평소에 논픽션 책을 두 권 읽는다. 지루해지지 않으려고 두 권의 책을 번갈아 가며 읽는데, 그 방법은 효과가 좋다. 책에는 장章이 있어서 자연스럽게 멈출 지점이 정해진다. 당신의 프로젝트도 책에서 장을 나누듯 분할할 수 있는가? 프로젝트를 분할할 때는 다음번에 돌아와서 일을 시작하기 쉽게 해야한다.

3 각 프로젝트의 중단 지점을 노트에 쓰거나 컴퓨터 문서에 기록한다. 나중에 당신이 자리에 앉아서 일할 때 그 기록을 활용한다.

▶ 시간을 몇 개의 덩어리로 나누고 사이사이에 휴식을 취한다.

대다수 사람이 생각하는 것과 반대로, 휴식을 취하지 않고 하나의 과제를 몇 시간씩 수행하는 것은 일반적이지도 않고 효율적이지도 않다. 휴식을 취하지 않으면 정신적 피로가 쌓인다. 정신적 피로는 모든 사람의 성과를 떨어뜨리지만 특히 ADHD 성인들의 주의를 더욱 산만하게 만든다. 성과 전문가이자 플로 게놈 프로젝트Flow Genome Project의 연구 책임자인 내 친구 스티븐 코틀러Steven Kotler의 말에 따르면, 모든 사람은 90분마다 휴식을 취해야 한다. 그 정도 간격으로 휴식을 취해야 뇌가 집중과 생산성에 필요한 신경 전달 물질을 보충할 수 있다. 여기서 휴식이란 진짜 '쉼'이 되는 시간을 말한다. 세금 계산에 매달려 있다가 소셜미디어와 이메일을 훑어보는 것은 휴식으로 치지 않는다. 휴식 시간에는 일어서서 걷거나, 스트레칭을 하거나, 잠시 명상을 하거나, 물을 마시는 등 당신이 원래 하고 있었던 일과는 다른 뭔가를 해야 한다.

연습 10 ▶ 하루 일과표 만들기

1 과제를 분할하는 기술과 시간을 덩어리로 만들어 휴식을 취하는 기술을 둘 다 사용하려면 하루 일과를 어떻게 짜야 할지 생각해 본다.

2 노트에 다음 날 일정표를 만든다. 일정은 실행 가능해야 하며, 일을 하는 시간 덩어리와 휴식 및 재생을 위한 시간 덩어리가 반드시 있어야 한다.

3 다음 날 그 계획을 실행한다. 하루를 마무리할 때 계획을 잘 실천했는지 돌아보고, 다음날 변화를 주거나 조정하고 싶은 부분을 찾아본다.

4 다음 날 2단계와 3단계를 반복한다.

장기간 집중이 필요할 때

몇 분 또는 몇 시간 동안 집중하는 것과 며칠 또는 몇 주 동안 집중을 유지하는 것은 다르다. 장기간의 집중이란 며칠 또는 몇 주 내내 한자리에 앉아서 집중을 유지한다는 의미가 아니다. 며칠, 몇 주, 나아가 몇 달이 걸려야 완성되는 프로젝트에 꾸준히 참여하면서 결과물을 만들어 낸다는 뜻이다.

대규모 프로젝트에 계속 집중해서 그 프로젝트를 완성하기 위해서는 계획 수립에 능해야 한다. 그리고 집중력을 높여야 하는 순간에는 이 책의 앞부분에서 습득한 기술들을 활용해야 한다. 디지털 기기들의 방해를 최소화하는 기술, 의식적으로 심호흡을 하는 기술, 부정적 자기 대화를 줄이는 기술, 잡생각 일지를 활용하는 기술, 목표를 의식하면서 행동하는 기술이 항상 당신의 도구 상자에 담겨 있어야 한다. 지금까지 살펴본 바와 같이 장기 프로젝트를 작은 덩어리로 쪼개면 집중도 더 잘 된다. 하지만 장기 프로젝트를 완성하기 위해서는 프로젝트를 분할하는 기술을 한 단계 더 발전시켜야 한다.

내가 가장 선호하는 장기 프로젝트 관리법은 다음과 같다. 당신이 온 집안에 페인트를 칠해야 한다고 치자. 이런 유형의 대규모 프로젝트가 있으면 시간을 끌면서 일을 미루기가 쉽고, 그러다 보면 금방 의욕을 잃는다. 그 프로젝트를 '온 집안에 페인트칠하기'라는 하나의 커다란 과제로 생각한다면 부담감이 너무 커진다. 여기서 비법은 프로젝트를 여러 개의 작은 하위 과제로 분할하는 것이다. 여기서 '작은'이란 '정말 작은 것'을 가리킨다. 처음에는 과제를 3개 층으로 나누는 데서 시작한다.

층 1 목표하는 마감일에 완성된 프로젝트 전체의 모습

층 2 큰 덩어리들과 각 덩어리를 완성해야 하는 날짜들

층 3 다 합쳐놓으면 큰 덩어리가 되는 작은 하위 과제들

페인트칠하기의 사례로 돌아가 보자. 4주 동안 방 4개를 칠

해야 하고, 목표 마감일은 6월 30일이라고 하자.

층 1 6월 30일까지 방 4개를 모두 칠한다.

층 2 덩어리 1: 6월 7일까지 페인트와 도구를 구입한다.

덩어리 2: 6월 14일까지 페인트칠할 방들을 준비한다.

덩어리 3: 6월 30일까지 방에 페인트칠한다.

층 3 덩어리 1: 6월 7일까지 페인트와 도구를 구입한다.

– 6월 1일에 페인트 색상을 다시 확인한다.

– 6월 3일에 각 방의 벽 면적을 계산한다.

– 6월 5일에 필요한 물품의 목록을 만든다.

– 6월 7일에 철물점에 가서 페인트와 도구를 모두 구입한다.

덩어리 2: 6월 14일까지 페인트칠할 방들을 준비한다.

– 6월 10일까지 가구와 그림을 모두 치우거나 덮어 놓는다.

⋮

이런 식으로 필요한 단계들을 추가하면서 방 준비를 끝내고 프로젝트에 착수한다.

이제 페인트칠이라는 프로젝트가 훨씬 만만해졌다는 느낌이 들지 않는가? 하위 과제들은 진행 상황을 파악하기에도 쉽다. 당신은 프로젝트의 덩어리 2와 덩어리 3에도 하위 과제들을 만들어야 한다. 마지막으로 3개 층을 모두 당신의 달력에 입력하고 각 층과 관련된 하위 과제에 알람을 맞춰 놓으면 편리하다. 스마트폰과 태블릿에서는 한참 뒤의 일정이라도 쉽게 알람을 설정할 수 있다. 하지만 알람이 너무 많으면 효용이 떨어지므로 지나치게 많이 설정하지는 말자. 온종일 디지털 기기들에서 울리는 알림음을 좋아하는 사람은 없으니까.

연습 11 ▶ 진행 상황 추적하기

방금 습득한 기술을 이용해서 프로젝트나 과제를 작은 덩어리로 쪼개고 각 덩어리에 목표 마감일을 지정했다면, 다음으로는 일의 진행 상황을 추적할 필요가 있다.

1 노트에 그 프로젝트의 층과 덩어리들을 기록한다. 되도록 한 줄에 하나씩만 쓴다.

2 이 단계에서는 두 가지 방법 중 하나를 선택할 수 있다. 첫 번째 방법은 각 층과 덩어리의 왼쪽에 작은 네모 칸을 하나 그린 뒤, 과제를 완수할 때마다 그 네모 칸에 체크 표시를 하는 것이다. 다음 두 번째 방법이 인기가 더 많고 만족감이 크다. 하나의 과제를 완수할 때마다 네모 칸에 체크하는 대신 펜으

로 줄을 그어 그 글자들을 지운다. 내가 만난 내담자들은 대부분 후자의 방식을 사용할 때가 더 만족스럽다고 했다. 그러나 노트에 낙서하거나 새카맣게 칠하지는 말라. 나중에 다시 확인이 필요할 수 있으니까.

3 노트의 다른 페이지에 프로젝트의 각 부분을 완수했을 때의 긍정적인 생각, 느낌, 보람 등을 모두 기록한다. 목록 형식으로 기록하기를 권한다. 겉으로 보이는 모습은 중요하지 않다. 그 순간의 생각과 감정, 보람을 포착하는 것이 중요하다.

Tip ▶ **항상 메모를 한다.**

"기록하지 않은 것은 존재하지 않는다"라는 불변의 법칙을 따른다면 무엇을 기록할지 매번 결정하지 않아도 되므로 귀중한 정신적 자원을 절약할 수 있다. 이 법칙은 업무에만 적용되는 게 아니다. 당신이 떠올리는 아이디어, 기억해야 할 정보 등 모든 것을 노트에 기록한다. 노트를 모든 것을 붙잡아 두는 안전망으로 활용하라.

▶ **보상 시스템을 마련한다.**

당신에게 동기부여가 되는 보상을 정한다. 하고 싶었던 일이나 사고 싶었던 물건일 수도 있다. 어떤 것이든 간에 보상의 가치가 그 과제와 일치

해야 한다. 지정된 날짜까지 과제를 완수하면 당신이 직접 고른 보상을 스스로에게 준다. 마감 시한까지 과제의 절반 이상을 수행할 경우 스스로에게 주는 '보너스'라든가 '2등 상(약속을 지킨 경우의 보상보다는 훨씬 작아야 한다)'을 추가해서 보상 시스템을 다채롭게 구성할 수도 있다.

요약

- 운동은 뇌의 건강과 기억력을 유지하는 데 도움이 된다.

- 결정적으로 잠이 중요하다.

- 뭔가를 잊어버렸을 때는 심호흡을 세 번 하라. 그러면 불안이 감소하고 집중력과 기억력 증진에 도움이 된다.

- 기록하지 않은 것은 존재하지 않는다. 특히 지시 사항은 꼭 기록으로 남겨야 한다.

- 지시 사항은 완벽하게 기록하지 않아도 된다.

- 지시 사항을 요약하면 당신의 작업기억에 잘 남는다.

- 가상의 누군가에게 지시해 보면 지시 사항에서 잊어버린 부분이 다시 기억나기도 한다.

- 집중을 위해 디지털 기기는 모두 꺼 놓아야 한다.

- 머릿속에 불쑥 떠오르는 아이디어와 정보를 포착해서 '잡생각 일지'에 기록하면 지금 하는 일에 집중을 유지하기가 쉬워진다.

- 과제를 여러 개의 작은 덩어리로 분할하면 부담이 줄어들고 덜 미루게 된다.

- 매일의 일정을 계획하면 할 일을 제대로 해내는 데 도움이 된다.

3장

정리·계획 수립 기술

정리 부재, 계획 부재가 불러온 악순환

단계별로 깔끔하게 정리되지 않은 프로젝트는 지나치게 큰 압박으로 다가와 아예 그 프로젝트를 회피하게 만든다. 또 적절한 계획이 세워지지 않으면 과제를 시작하는 것 자체가 불가능하게 느껴진다. 정리와 계획의 부재는 한없는 시간 끌기로 이어지고 삶의 질은 점차 파괴된다.

당신도 지금까지 살면서 계획을 잘 세우지 못해서 어떤 과제를 계속 미뤘던 적이 있을 것이다. 어느새 진행 상황을 보고하라는 이메일과 독촉 전화가 밀려들기 시작하고 두려움이 엄습한다. 그렇다 보니 이 상황을 받아들이기보단 오히려 회피하게 되고, 결과적으로 더 큰 두려움과 불안, 수치심을 느끼게 된다. 마감 기한이 지나면 상황은 더 나빠진다. 이제는 책상 앞에 앉아 있어도 부정적인 감정에 사로잡혀 어떤 일에도 집중하지 못하는 상태가 된다. 미처 의식하지 못하는 사이에 당신은 과제를 피하느라 더 많은 시간을 낭비하고 만 것이다. 결국 일을 최대한 빨리하지 않으면 불이익이 있을 거라는 상사의 최후통첩을 듣고야 당신은 다른 모든 것은 무시하고 그 일에 몰두한다. 당연히 세심하게 계획을 세워서 의식적으로 행동할 시간이 없다. 과제를 끝낼 무렵에는 다른 일들이 잔뜩 쌓여 있을 테고, 이 악순환은 되풀이된다. 상황은 더 나빠지고 당신은 초조해하면서 자책하기에 이른다. 자존감이 떨어지면서 성과도 곤두박질친다. 악몽이 따로 없다. 그런데 알고 있는가? 이 모든 건 피할 수 있었던 일이라는 것을.

지금부터는 프로젝트를 정리하고, 할 일들을 계획하고, 시간을 관리하고, 그 모든 과정을 추적하는 전략들을 익혀 보자. 시스템이 자리를 잡으면 당신의 생산성과 자존감은 날로 높아지고 스트레스는 줄어들 것이다. 그러면 자연스럽게 선순환이 만들어진다.

문제 덩어리 '더미'의 늪

당신은 정리를 얼마나 잘 하는가? 이것은 수사학적 질문도 아니고 난센스도 아니다. 삶에서 대부분의 일이 그렇듯 정리 실력이 형편없는 사람들도 어느 정도의 정리는 한다. 어떤 사람들은 의도적으로 헬스장에 가거나 운동 시간을 따로 빼놓지 않는다는 이유로 자신이 운동을 전혀 하지 않는다고 말한다. 하지만 자세히 들여다보면 차고를 페인트칠하거나, 잔디를 깎거나, 집 안팎에서 어린아이를 쫓아다니는 모습을 볼 수 있다. 그런 과제들을 수행하는 데 필요한 신체 활동도 운동이라 할 수 있다. 정리도 이와 다르지 않다.

나는 진료실에서 부부 상담을 많이 한다. 대개는 부부 중 한 사람만 ADHD가 있기 때문에 나는 두 사람의 서로 다른 접근법 사이에 다리를 놓아 주는 역할을 한다. 상담할 때마다 빠짐없이 등장하는 문제가 있는데, 바로 '더미'다. 종이 더미, 프로젝트 더미, 갠 빨래 더미…. 뭐든지 수북이 쌓여서 문제가 된다. 흥미롭게도 그 '더미'를 만드는 장본인은 각 더미에 뭐가 있는지 알고 있으며 실제로 물건을 찾아낼 수도 있다. 물론 그 더미들도 정리의 한 형태이긴 하지만 집안 전체의 정리와 청결에 악영향을 끼친다.

사람이라면 누구나 깔끔하게 정리된 환경이 필요하다. 당신이 너저분한 책상을 문제라고 느끼지 않더라도 실제로는 문제인 것이다. 그런 환경에서 인간의 정신이 집중을 유지하려면 더 오래 일할 수밖에 없다. 또한 잡동사니가 널려 있으면 마음이 더 불안해진다. UCLA에서 수행한 연구에 따르면, 너저분한 환경에서 생활할 때 스트레스 호르몬인 코르티솔cortisol의 분비가 증가한다. 잡동사니, 더미, 너저분한 상태와 같은 혼란은 뇌가 처리해야 하는 자극을 만들어 낸다.

이 책을 쓰기 시작할 때 나는 내 책상 위의 모든 불필요한 물건들을 치웠다. 오직 내 컴퓨터와 노트에만 집중하고 싶었다. 그리고 이 장의 집필을 준비하는 동안 작은 실험을 하나 해 봤다. 이번 주에 두 번, 서류와 책을 포함한 다른 잡동사니들을 일부러 책상 위에 너저분하게 놓아 두었다. 결과는 놀라웠다! 나는 평소처럼 능률적으로 일할 수가 없었다. 내 정신이 그 잡동사니를 차단하기 위해 초과 노동을 하는 동안에는 어떤 내용을 써야 할지 생각이 나지 않았다. 불필요한 것들을 치우고 나니, 짠! 금방 글을 쓸 준비가 되어 업무 태세로 돌아왔다.

이 정도면 내가 당신의 주의를 끌었을 것이다. 다음은 직장 또는 가정에서 당신이 과연 정리를 얼마나 잘 하고 있는지 파악하기 위한 연습이다.

연습 12 물건이 있어야 할 자리

1 당신이 업무나 과제를 완수하기 위해 사용하는 공간 영역을 두 개 정한다. 예를 들면 책상(직장 또는 집에 있는 책상), 부엌 식탁, 거실 탁자 등이다. 정하고 나면 노트에 적고 각 영역 밑에 몇 줄을 빈칸으로 남겨 놓는다.

2 선택한 영역 중 하나로 이동한다. 그곳에 앉거나 서서 거기 놓여 있는 물건들을 그냥 보기만 한다. 모든 물건을 관찰하는 것이다.

3 노트에 쓴 영역 이름 아래쪽에, 그 영역에 있을 이유가 없거나 당신이 그곳에서 자주 처리하는 일에 필요하지 않은 물건들의 이름을 모두 기록한다. 어떤 물건이 그곳에 있는 이유를 합리화하거나 변명하고 싶어진다면, 그건 그 물건이 '그곳에 있을 물건이 아니라는 증거'다. 음주와 비슷하다고 생각하라. 술을 얼마나 마시느냐는 의사의 물음에 당신이 하루에 술을 다섯 잔이나 마시는 이유를 즉각 변명하는 식으로 반응한다면, 당신은 하루에 다섯 잔을 마시면 안 되는 사람이다. 만약 아들의 고장 난 장난감이 왜 3년째 부엌 조리대 위에 고쳐지길 기다리며 놓여 있는지 당신 자신에게 설명해야 한다면, 그 물건은 제자리에 놓여 있지 않은 것이다.

4 선택한 두 번째 영역으로 가서 2단계와 3단계를 반복한다.

5 노트의 새로운 페이지를 펼쳐서 그 경험이 어땠는지 기록한
   다. 제자리가 아닌데 놓여져 있던 물건들이 많았는가? 어떤
   물건들은 그곳에 전혀 어울리지 않아서 민망했는가? 그 물
   건들을 치우면서 기분이 좋았는가? 그 영역에 관해 새롭게
   알게 된 사실 중 기억하고 싶은 것이 있는가?

연습 13 · 계획 세우기

이 연습의 목표는 프로젝트나 과제를 정리하는 능력을 평가하
는 것이다. 지금까지 이런 유형의 연습을 하는 동안 "노트를 가
져와서 새로운 페이지를 펴라"와 같은 지시가 많았는데, 그럴
때마다 내가 당신의 계획을 대신 정리해 주고 있었던 것이다.
당신은 계획을 세우지 않아서 집중이 계속 흐트러지곤 한다. 어
떤 프로젝트를 시작할 때는 의욕에 불타지만, 곧 일에 필요한
정보를 찾거나 물건을 가지러 가야 한다는 사실을 깨닫는다. 그
렇게 방해를 받은 후에 다시 프로젝트에 착수해 집중하기는 어
렵다. 당신이 프로젝트에서 한 걸음 멀어지거나 집중이 흐트러
질 때마다, 주의 산만이라는 블랙홀로 끌려들어 갈 위험은 커진
다. 블랙홀은 정말 골치 아프다. 어느새 당신은 세금 계산을 해
야 했던 오후 시간을 사진 정리하는 데 써 버리고 말았다. 이제

연습을 시작하자.

1 집이나 직장에서 집중을 방해하는 요소가 거의 없는 장소를 찾는다. 빠르게 사고하고 주이를 집중해야 한다.

2 수행하기 원하는 과제를 세 가지 골라 노트의 빈 면에 적는다. 손익 보고서 작성이나 사물함 제작처럼 직장과 관련된 일도 좋고, 스파게티 만들기나 아이 학교 과제 도와주기처럼 가정과 관련된 일도 좋다.

3 노트의 새로운 면을 펼친다.

4 첫 번째 과제를 시작하기 전에 당신이 반드시 해야 하는 일들을 단계별로 정리해서 써 본다. 필요한 물품들, 준비해야 하는 업무 환경, 미리 찾아 놓아야 하는 지시 사항 등이 여기에 포함된다. 최대한 빠르게 써야 한다.

5 세 가지 과제 모두 3단계와 4단계를 되풀이한다.

6 지금까지 연습한 과정을 평가하고 노트에 소감을 써 본다. 과제 준비에 필요한 사항들을 쉽게 생각해 낼 수 있었는가? 혹시 빠진 건 없었는가? 새로운 통찰이나 깨달음을 얻었는가?

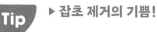

Tip ▶ **잡초 제거의 기쁨!**

어떤 과제를 완수하고 나면 그것과 관련 있는 모든 자료, 메모, 물품, 알림 등을 버리거나 치워라. 그러면 잡동사니가 줄어들어서 다음 과제를 시작할 때 집중이 잘 될 것이다.

미루지 말고 뛰어들어라

내담자들이 나에게 가장 많이 하는 말 중 하나는 일을 시작하기가 어렵다는 것이다. 당신은 프로젝트를 계획하는 건 전문가 수준이 되었을지 모르지만 실제로 시작하기는 여전히 어려울 것이다. 할 일을 미루거나 할 일에 집중하지 못하면 좋지 않은 결과가 뒤따른다. 직장에서 성과가 나빠져 승진 기회를 놓칠 수도 있고, 스트레스가 늘고, 자신감을 잃기도 한다.

좋은 소식이 있다. 당신이 일을 시작하지 못하도록 가로막는 장벽들은 대부분 심리적 장벽 또는 감정적 장벽이므로 제어가 가능하다. 당신의 생각과 감정의 토대가 되는 어려움이 무엇인지를 우선 파악해야 한다. 그러고 나면 검증된 방법을 사용해 일을 시작할 힘을 얻을 수 있다.

할 일을 뒤로 미루는 것은 전형적인 회피 행동이다. 일을 미루는 이유는 그 일이 따분해서일 수도 있고, 실패가 두려워서일 수도 있고, 당신이 완벽주의자라서 그럴 수도 있고, 부담이 너무 커서일 수도 있다. 불행히도 회피는 더 큰 회피를 부른다. 해야 하는 과제에서 멀어질수록 그 과제를 시작하기는 더 어려워진다. 그거야말로 스트레스 수치를 수직 상승시키는 고약한 악순환이다.

연습 14 무엇을 회피하고 있는가?

이 연습을 통해 당신의 미루기 습관은 어떤 유형에 속하는지 알아보자.

1 노트의 빈 면 한가운데에 선을 그어 두 개의 칸을 만든다.
2 왼쪽 칸에 현재 미루고 있거나 또는 지난 몇 달 동안 미뤘던 과제를 5~10개 정도 써서 목록을 만든다.
3 오른쪽 칸에는 그 과제를 미뤘거나 미루고 있는 이유를 쓴다.

예시

과제	미루는 이유
세금 계산하기	지루하다.
잔디 깎기	깎고 나서 치우는 게 싫다.

삼촌에게 전화하기	삼촌은 코 막힌 소리를 내고 같은 말을 반복한다.
정장 구입하기	시간이 안 난다.
공사 입찰 받기	바가지 쏠까 봐 걱정된다.
치료사 찾기	어디서부터 시작해야 할지 모르겠다.

4 칸의 내용을 다시 읽어 본다. 여러 번 등장하는 회피 요인이 있는가? 당신이 회피하는 과제의 유형이 정해져 있는가?

당신은 완벽주의자라서 일을 미루는가? 과부하가 주된 요인인가? 불안하고 걱정스러운 것이 있어서 미루게 되는가? 스스로를 믿지 못하는가?

자기 자신이 어떤 유형인지 알면 스스로 회피 행동을 인식하고 경로를 변경하기가 수월해진다.

Tip ▶ **타이머를 사용한다.**

시간과 힘겹게 싸우지 말고 시간을 당신의 편으로 만들어라. 20분 동안 일에만 집중한다. 타이머 혹은 작은 디지털 시계나 컴퓨터 또는 스마트폰 시계 앱을 사용해서 20분 알람을 설정한다. 그 20분 동안 당장 해야 하는 프로젝트나 과제를 처리한다. 타이머가 울리면 5분 동안

쉰다. 인터넷 쇼핑이나 소셜미디어를 보는 대신 화장실에 가거나 간단한 산책을 하는 것이 좋다. 짧은 휴식이 끝나면 다시 타이머로 20분을 맞춰 놓고 일을 시작한다. 일을 계속하고 싶지 않다면 멈춰도 된다. 일을 전혀 안 한 것보다는 20분이라도 집중하는 게 낫다.

소방관 모드 끄고 응급실 의사 모드 켜기

우선순위 정하기는 정말 중요하지만 산만한 사람들이 획득하기가 가장 힘든 기술 중 하나다. 여러 가지 이유가 있지만 가장 큰 이유는 우선순위를 매기는 요령이 없고 전반적으로 우선순위에 대한 자각이 매우 낮기 때문이다.

당신의 일상을 잠시 생각해 보라. 가장 중요한 일이 무엇인지를 얼마나 자주 결정하는가? 어떤 일을 하게 될지 미리 정해 놓는 편인가? 우선순위를 판단하는 기준을 가지고 있는가? 당신이 대다수 ADHD 성인들과 비슷하다면 아마도 '소방관 모드firefighter mode'로 생활할 때가 많을 것이다. 항상 일정에 쫓기면서 불을 끄고 또 꺼야 한다면 우선순위를 정하기란 불가능하다. 당신은 그때그때 눈앞에 제시되는 일을 수행하지만, 그 일이 반드시 지금 수행해야 하는 과제는 아닐 수도 있다. 해야 할 일의 우선순위를 매기는 단순한 방법을 알아보자.

의사들의 부상자 분류—트리아지

의사들로 가득한 곳에서 '트리아지triage'라는 말을 입에 올리면 곧바로 모두의 주의를 끌 것이다. 그건 당연한 일이다. 트리아지란 치료할 환자가 여러 명인 상황에서 누가 더 급한 환자인지를 결정해야 할 때 사용하는 용어다. 여러 건의 응급 사태가 한꺼번에 발생하는 응급실이나 분쟁 지역의 병원에서 트리아지가 사용된다. 당신에게도 익숙한 상황 같은가? 아마 그럴 것이다.

주의가 어디로 튈지 예측이 불가능하다면 긴급한 상황에서 우선순위를 매기는 것이 굉장히 어려울 수 있다. 그래서 더욱 중요한 능력이기도 하다. 어떤 날에는 모든 일이 비상사태처럼 보인다. 아니, 모든 일이 비상사태라는 느낌을 워낙 자주 받다 보니 그게 이미 당신의 기본값이 되어 버렸을 수도 있다. 심지어 비상사태가 아닐 때도 그런 느낌을 받는다.

위기에 처하기 '전에' 어떤 과제가 가장 시급한지 정해 놓는다면 당신의 하루는 꽤 성공적일 것이다. 홍수처럼 쏟아지는 이메일을 읽고 아침에 걸려오는 전화에 응대하면서 무엇이 급한 일인지 판단하는 일은 정말 어렵다. 최선의 방법은 매일 오후 또는 저녁에 다음 날 할 일 중에 가장 먼저 해야 할 일을 정해 놓는 것이다. 만약 똑같이 시급한 과제가 두 가지라는 결론이 나온다면, 그중에 당신이 덜 내키는 과제를 먼저 수행하는 것이 좋다. 싫어하는 과제를 먼저 처리하면 안도감을 느끼고, 그 과제를 해냈다는 성취감에서 다음 과제를 수행할 동력을 얻을 수 있다.

하루 단위, 세 가지 범주 목표 설정

다행히 당신이 날마다 불을 꺼야 하는 건 아니다. 하지만 직장에 있든 집에 있든 간에 해내야 할 일들은 날마다 있다. 할 일들을 모두 해내기 위해서 하루 단위의 목표 설정이 중요하다. 전날 달성하지 못한 목표가 오늘로 넘어올 수도 있는데, 그래도 괜찮다.

매일의 목표를 정할 때는 그 목표들을 '반드시 해야 함' '해야 함' '하면 좋음' 이렇게 세 가지 범주로 나누어 넣어 보라. 그러고 나서 각 범주 내에서 우선순위를 정하면 된다.

▶ **목표들을 우선순위에 따라 분류한다.**

'반드시 해야 함'에 속하는 일들은 시간을 다투는 일이거나, 당신이 그 일을 해 주길 기다리고 있는 누군가를 위해서라도 제때 해내야 하는 일이다. 예를 들면 다음과 같다.

- 세금 계산서 때맞춰 제출하기
- 오후 회의 시간에 상사에게 보고서 전달하기
- 사랑하는 사람을 위해 약국에서 약 찾아오기

'해야 함'의 범주에 속하는 과제들은 가까운 미래에 마감이 닥칠 일 또는 당신의 커리어, 부부관계, 연애, 인생 목표에 영향을 미칠 일이기 때문에 당신에게 가치 있는 일이다. 예를 들면 다음과 같다.

- 회계사에게 보낼 서류 준비하기
- 고객이 될 가능성이 있는 사람들에게 전화 걸기
- 병원 예약하기

'하면 좋음'의 범주에 속하는 과제들은 시급하지 않은 일들이다. 여가 활동과 관련된 일일 수도 있다. '반드시 해야 함'과 '해야 함'에 속하는 일들과 아무런 관련이 없을 수도 있다. 예를 들면 다음과 같다.

- 업무 공간 정리하기
- 가까운 미래에 인맥 쌓기를 위한 점심 식사 일정 잡기
- 휴가 앞두고 호텔 검색하기

연습 15 · 친구에게 우선순위 정해 주기

타인의 상황에는 자원을 적게 투입하고 감정적 개입도 덜 하기 때문에 자기 일보다는 쉽게 느껴진다.

1 친구나 가족 중 한 사람에게 새로 익힌 우선순위 정하는 기술을 연습하고 싶으니 도와달라고 부탁한다.

2 그 사람이 수행해야 하는 과제 10~15개 정도 목록을 말해 주거나 이메일로 보내달라고 요청한다. 삶의 다양한 영역(직장, 개인, 가족 등)에 속한 과제들이 혼합된 목록이어야 한다.

3 목록을 바탕으로 그 사람에게 과제에 관한 질문을 던지면서 각 과제를 어느 범주에 넣을지 정한다. 마감 날짜와 시간 계획, 결과를 기다리는 사람이 누구인지, 그리고 일을 하는 시간대와 같이 결과에 영향을 미칠 가능성이 있는 다른 요인들에 관해 묻는다.

4 모든 과제를 세 가지 범주로 나눈다. 분류가 끝나면 당신이

우선순위를 어떻게 매겼는지 그 사람에게 보여 주고 피드백을 요청한다. 그 사람이 당신이 정한 우선순위에 동의한다면 왜 동의하는지, 동의하지 않는다면 왜 동의하지 않는지를 물어본다. 이 연습을 통해 당신이 잘 해낸 부분을 알고, 놓친 사항이 있다면 그 부분을 발견하고 강화할 수 있다.

다시 시간을 훔쳐 오자

당신이 지각을 하거나, 시간의 흐름을 놓치거나, 어떤 일이 얼마나 걸릴지를 잘못 판단하거나, 하루 동안 처리할 일들을 다 끝내지 못하는 것은 당신의 정신적 코어 기술과 관련이 있다. 계획 세우기, 주의 집중하기, 일정 짜기, 감정 조절하기, 목표 설정하기, 정리하기와 같은 기술들은 모두 당신의 뇌에서 ADHD로 인해 가장 많이 타격받는 부분에서 관장하고 있다. 당신은 시간이 슬로모션으로 흘러가는 순간들을 경험할 것이다. 또 어떤 때는 시간이 로켓처럼 빠르다고 느낄 것이다. 시간 관리를 잘 해내지 못하면 자기 자신도 힘들고 가까운 사람들도 힘들어진다.

시간 관리와 관련된 온갖 문제들에 관해 스스로를 원망하는 건 쉬운 일이다. 계속 자기 자신을 원망하는 건 자유지만, 그러면 상황은 더 나빠지기만 할 뿐이다. 원망하느라 바쁜데 어떻게 일을 더 잘 해내는 것에 집중하겠는가? 물론 당신만의 잘못은 아니다. 스마트폰과 태블릿 같은 디지털 기기들이 당신의 시간을 잡아먹고, 미디어 소비와 온라인 쇼핑 같은 활동이 당신의 시간을 빨아들이고 있다. 업무는 당신의 시간을 게걸스럽게 먹어 치운다. 미처 의식하기도 전에 시간은 다 사라지고, 단 한 가지 일도 완수하지 못했는데 스트레스는 극에 달해 있다. 시간 관리의 문제는 다음 네 가지 영역으로 나눌 수 있다.

- 시간 자각
- 디지털 기기, 매체 소비
- 직장이나 가정에서 할 일들
- 사람들

아날로그 손목시계의 가치

ADHD 성인들 대부분이 시간 개념 자체를 어려워한다. 다시 말해서 그들은 어떤 과제를 완수하거나 어떤 장소에 가는데 시간이 얼마나 걸릴지 잘 예측하지 못한다. 모든 사람이 주머니에 스마트폰을 넣고 다니기 전에는 다들 손목시계를 차고 다녔다. 지금처럼 사람들이 스마트폰으로 시간을 확인하는 데는 두 가지 중요한 문제가 있다. 첫째, 스마트폰은 방해 요소들이 잔뜩 담긴 반짝이는 상자와 같다. 시간을 확인하려다가 한 시간 동안 문자 메시지를 보내거나 이메일에 답장하게 될지도 모른다. 둘째, 당신의 시간 자각에 문제가 생긴다. 디지털 시계는 아날로그 시계(눈금과 바늘이 있는)처럼 시간에 대한 공간적 자각을 제공하지 않는다. 솔직히 말하자면 이건 내가 처음 해낸 생각은 아니다. 어릴 적, 아버지는 항상 나에게 아날로그 손목시계를 차라고 권했다. 내가 시간 자각하는 법을 익히기 바라셨던 것이다(고마워요, 아버지!). 예를 들어, 아날로그 시계를 차고 다니면 단순히 '지금 시간이 1시 45분이구나'를 확인하는 것을 넘어 '그럼 2시까지 남은 시간이 이만큼(15분)이구나'를 시각적으로 파악하게 된다. 마치 파이 조각들처럼 한 시간을 여러 조각으로 쪼개서 생각할 수 있게 되는 것이다. "4시 반이야"라든가 "2시 15분 전이야"라는 말은 이런 자각에서 비롯된다.

디지털 기기는 양날의 검

스마트폰이 있으면 알림을 설정할 수 있고 주머니에 항상 달력을 넣어 다닐 수 있으니 여러모로 매우 유용하다. 하지만 알아야 한다. 사람들을 묶어 두는 디지털 기기의 그 모든 위험 요인은 당신에게도 똑같이 작용한다. 어쩌면 훨씬 더 강력하게 작용할지도 모른다. 당신이 무언가를 하려고 스마트폰을 들어 다볼 때마다 뇌에서는 보상 화학물질인 도파민이 분비된다. 도 파민은 보상받는 느낌을 선사할 뿐 아니라 당신이 어떤 과제를 수행할지, 어디에 집중할지, 어떤 목표를 위해 노력할지를 결정 한다. 더구나 도파민은 모든 중독의 배후에 있는 주요 원인 중 하나다. ADHD 성인들은 뭔가에 중독될 위험이 보통 사람들보 다 크다. 따라서 충동 억제가 안 되고 집중력이 약한 상태에서 도파민 부족으로 인해 중독의 위험까지 커진다면 디지털 기기 에 빠져들기는 더 쉽다.

그뿐인가. 디지털 기기는 장시간 집중하는 능력도 잠식한 다. 스마트폰을 사용하는 사람들이 시간이 오래 걸리는 과제를 끝까지 잘 해내는 경우는 드물다. 무슨 말인지 당신은 알고 있 을 것이다. 당신은 5분 간격으로 문자 메시지와 이메일을 확인 하고, 소셜미디어에 들어가고, 달력을 열어 보고, 사진들을 훑 어 보고, 웃긴 동영상의 앞부분을 1분 정도 시청하고, 그러다 나 중에는 애초에 왜 스마트폰을 켰는지도 잊어버린다. 이런 일이 반복되면서 패턴으로 굳어지면 어떤 일에 주의를 기울여야 할 때조차 집중하기가 어려워진다. 아침에 스마트폰을 사용하는 것은 이중의 부정적 효과를 낳는다. 하루를 시작할 때부터 정신이 산만해지고, 그 산만한 상태는 하루 내내 당신을 괴롭힐 것이다.

모든 것의 목록화

해야 할 모든 일을 목록으로 만들어 놓는 것은 몇 번이고 말해도 부족할 정도로 정말 중요하다. 처음에는 목록을 만드는 것이 성가시고 싫겠지만 익숙해지면 나름대로 할 만하다. 이내 목록과 친구가 될 수 있는 날이 올 것이다. 목록을 만들면서 덤으로 자각 연습도 해 보자. 과제를 수행하는 도중에 잠시 멈추고 내가 지금 해야 할 일을 하고 있는지, 혹은 내가 하고 있는 일이 나의 목표에 다가가게 해 주는 일인지를 스스로에게 물어보면 된다.

잠깐 멈추고, 평가하고, 나를 신뢰할 것─PET

어떤 사람들은 당신의 시간을 잡아먹기도 한다. 가장 보편적인 이유는 당신이 상대의 부탁을 허용하기 때문이다. 내가 만난 내담자들 대부분 다른 사람의 부탁에 "네"라는 대답을 너무 많이 하는 경향이 있다. 자신을 믿지 못해서 마음이 불안해지니 "네, 제가 해 드릴게요"라고 대답하는 것 같다. 아니면 그 사람이 당신에게 요청하는 일이 당신이 지금 하고 있는 일보다 더 매력적으로 보여서 그랬을 수도 있다. 어느 쪽이든 당신은 너무 많은 일을 맡아서 결국에는 아무것도 완성하지 못하고 사람들을 실망시키게 된다.

사람들의 방해 역시 당신의 시간을 잡아먹는 또 다른 원인이다. 하고 있던 과제를 전환하거나 하던 일을 멈추고 질문에 답하는 것쯤이야 쉽다고 생각하는 사람들이 많지만, 당신에게는 어려운 일이다. 방해받지 않는 지속적인 집중이 필요하다. 그래서 "아니요"라고 말하는 연습을 반드시 해야 한다. 스스로 과제 수행 능력을 평가하고, 방해를 받을 때도 원래 하고 있었던 일을 기억해야 한다.

"네"라고 말해 버리는 문제를 해결하는 좋은 방법으로 'PET'라는 머리글자를 활용하는 것이 있다. PET란 잠깐 멈추기 Pause, 평가하기 Evaluate, 신뢰하기 Trust의 약자다. 누군가가 당신에게 뭔가를 해 달라고 부탁하면 우선 잠깐 멈추라. 그냥 손으로 턱을 괴고 다른 데를 보면서 "잠깐만 생각해 볼게요"라고 말하면 된다. 그렇게 잠깐 멈춘 시간 동안 당신의 현재 업무 부담을 따져 보고 새로운 일을 끼워 넣을 수 있는지 여부를 판단하는 것이다. 당신이 할 수 있다고 해 놓고 그 일을 해 주지 않는 것보다 차라리 "미안합니다. 지금은 다른 일 때문에 그걸 못 맡겠네요"라고 말하는 것이 더 낫다. 마지막으로 자기 자신을 신뢰해야 한다. 잠깐 멈춰서 현재 상황을 제대로 평가했다면 스스로를 의심할 필요가 없다. 자신을 믿어라. 그러면 기분이 좋아진다. 정말로 해낼 수 있는 일들만 맡으면 당신은 더 많은 일을 완수하게 될 것이고, 그러면 다른 사람들도 당신의 능력을 더 높이 평가할 것이다.

연습 16 ▶ 미디어와 디지털 기기 관리하기

스마트폰이나 태블릿 같은 기기에 지배당하지 않고 시간을 관리하려면 자기 조절 능력을 키우는 것이 가장 좋은 방법이다.

다음 연습은 두 가지에 대한 자각을 높여 준다. 첫째, 스마트폰에 관해 당신이 얼마나 자기 조절을 잘 하는지 알게 된다. 둘째, 스마트폰이 불러일으키는 생각과 감정을 더 잘 알게 된다. 앞으로는 당신이 어떤 업무에 집중하고 있을 때, 친구와 저녁 식사를 하고 있을 때, 아니면 그냥 대중 매체와 잠시 떨어져 있고 싶을 때, 떠오르는 생각과 감정들을 인식하고 정신이 당신을 속이려 한다고 생각하라. 그리고 그 생각과 감정들이 지나가도록 내버려 두라. 예를 들어 '지금 나는 초조해' '나만 기회를 놓치는 것 같아' '스마트폰을 보고 싶어 못 견디겠어!'라는 생각이 든다면, 그저 스스로를 이렇게 타일러라. '모두 어리석은 생각과 감정들이야. 난 괜찮아. 그냥 지금 하는 일에 계속 집중해야지.' 이 연습은 많이 할수록 쉬워진다.

1 편안한 환경을 만든다.

2 스마트폰이나 태블릿PC를 꺼내서 친구, 동료, 가족 중 몇 명에게 문자 메시지로 간단한 질문을 보낸다. 질문은 중대하지 않으면서 금방 답하기 좋은 것이어야 한다.

3 스마트폰의 벨소리와 알림음을 최대한 크게 설정한다. 그러고 나서 당신 바로 앞에 뒤집어서 놓는다.

4 당신이 지루하게 느끼는 일을 시작한다.

5 전화가 울리거나, 알림음이 나도 바로 스마트폰을 집어들지 않는다. 뒤집힌 채로 최대한 오래 놓아 둔다.

6 스마트폰을 집어들기까지 기다린 시간을 기록한다. 그때 머릿속에 떠올랐던 생각과 감정도 모두 적는다.

▶ 식인종 과제로부터 멀어지기

'식인종 과제'란 실제로는 다른 과제에 투입해야 할 시간의 큰 부분을 며칠 또는 몇 주 동안 서서히 잡아먹는 과제를 뜻한다. 대개는 명확한 한계나 목표치가 없는 과제들이 여기에 해당한다. 모호한 과제 또는 마감 시한이 명확하지 않은 과제들을 한없이 질질 끌다가 그 과제들에게 산 채로 잡아먹히지 말라. 구체적인 단계별 계획이 없는 과제를 받으면 직접 몇 단계로 쪼개면 된다. 마감 시한이 확정되지 않은 과제를 받았다면 직접 마감 시한을 정하는 것이 좋다. 시간이 많다고 반드시 일을 더 잘하는 건 아니다. 과제를 여러 단계로 나누고, 마감을 설정하고, 일을 끝까지 해내라.

기록하지 않은 것은 존재하지 않는다

만약 당신이 번번이 할 일 목록을 잃어버리거나 목록에 적힌 일을 모두 끝내지 못해서 패배감을 느낀 적이 있다면, 할 일 목록에 대해 부정적인 이미지를 가지고 있을지도 모른다. 마치 할일 목록이 머리 위에서 당신을 내려다보며 수치심을 자극하는 교사나 부모, 코치 같다고 느껴질 수도 있다. 하지만 기본적인 시스템만 잘 갖추면 할 일 목록의 이미지를 바꾸고 좋은 성과를 올릴 수 있다.

나는 상당한 시간을 들여서 크게 성공한 사람들의 습관을 알아본 적이 있다. 그들의 공통점은 매일의 할 일 목록을 중요한 도구로 사용한다는 것이었다. 삶의 모든 영역에서 높은 성과를 거두는 사람들은 일을 끝까지 해내고 목표를 달성하기 위해서 이 목록을 사용한다. 과제들을 하나하나 점검하고 우선순위를 정하는 것이다. 잊지 말라. "기록하지 않은 것은 존재하지 않는다." 모든 과제를 기록해야 할 것으로 취급하면 당신은 기록할지 말지를 결정하는 데 귀중한 정신적 자원을 낭비하지 않아도 된다. 집에 들어가는 길에 우유를 사는 일부터 경비 지출 보고서를 제출하는 일까지, 모든 것을 목록에 넣어라. 다시 한번 말하지만 "기록하지 않은 것은 존재하지 않는다."

목록은 과제를 끝까지 해내고, 생산성을 높이고, 목표를 달성하는 데도 도움이 되지만 당신의 안전망 역할도 한다. 마치 곡예사가 곡예를 하다 떨어져도 안전망이 받아주는 것처럼 모든 과제를 목록에 넣으면 과제가 누락되는 것을 방지할 수 있다. 또 매일 목록을 확인하면 과제들이 당신의 자각 속으로 들어오기 때문에 그 과제들을 수행할 확률이 훨씬 높아진다.

다음은 효율적이면서도 부담이 덜한 목록을 만들기 위한 원칙이다.

- 여권 크기의 노트를 준비한다.

- 목록을 깔끔하게 유지한다. 목록이 어지러우면 시각적 피로감을 주고 활용하기도 어렵다. 각각의 과제를 한 줄 또는 두 줄로 쓰고 다음 과제로 넘어가기 전에 한 줄을 비워라. 그래야 글씨를 알아보기 쉽고 나중에 필요한 정보를 추가할 자리도 생긴다.

- 과제를 완수할 때마다 줄을 찍찍 그어 지우는 만족감을 느껴 본다. 완수한 과제를 하나씩 지우면 보상받는 기분이 든다. 까맣게 칠하지는 말라. 나중에 그 과제를 완수했는지 확인하기 위해 다시 목록을 봐야 할 수도 있으니까.

- 목록에 과제를 추가할 때는 맨 뒤에 써 넣는다. 누군가가 당신에게 부탁한 일도 목록의 맨 뒤에 쓴다. 병원 약속을 잡아야 한다는 게 생각나면 그것도 써 넣는다.

- 매일 목록을 새로 작성하고 우선순위를 정한다. 하루에 몇 분만 시간을 내서 전날의 할 일들을 중요한 순서대로 그날의 목록으로 가져온다면, 당신은 다른 사람들보다 한 발짝 앞서갈 수 있다.

- 부정적인 자기 대화를 조심하라. 만약 당신이 할 일 목록을 보면서 모든 일을 다 해내지 못했거나 할 일이 너무 많다고 자책한다면, 목록을 피하기 시작할 것이다. 날마다 목록에

올라온 모든 일을 완수하지는 않아도 된다. '반드시 해야 하는 일' 한두 가지를 완수하면 충분하다. 항상 자신에게 친절해야 한다.

증상을 설명할 땐 구체적이고 짧게

업무 환경은 모두 똑같지 않다. 안타깝게도 어떤 직장에서는 당신의 이야기를 꺼내 봐야 골치만 아프고 얻는 게 없을 것이다. 예컨대 상사와 일상적인 대화를 나누다가 당신이 ADHD라고 고백했다 치자. 그때부터 당신이 교통체증 때문에 지각을 하거나 컴퓨터 오류 때문에 업무 데이터가 지워지는 일이 발생할 때마다 그 실제 원인이 아닌 ADHD 탓이 될지도 모른다. 의사들도 완전한 이해가 어려운 만큼, 동료들도 대부분 정확히 이해하지 못할 것이다. 그들의 잘못은 아니다. 직장에서 당신의 증상을 언급하는 일이 상황에 적합한지를 직접 결정해야 한다.

이야기를 하기로 결심했다면, 사실에 근거해서 직접적으로 말하는 것이 좋다. 당신은 증상을 완화하는 창의적인 방법을 설명하기 위해서 혹은 소음 차단 헤드폰이나 스탠딩 책상과 같은 보조 도구가 필요해서 이야기하기로 결심할 수도 있다. 또는 당신이 집중할 시간을 덩어리로 확보하려다 보니 이메일 확인이 늦어지고 있다는 사정을 상사에게 알리고 싶을 수도 있다. 이유가 뭐든 간에, 업무에 지장을 주는 구체적인 증상에 관해 짧게 설명하는 것이 좋다. 삼천포로 빠져서 어릴 때 학교 생활이 어땠는지, 혹은 결혼생활이 어떤지 늘어놓아서는 안 된다. 명확하고 효과적인 대화의 예시를 한번 보자.

> "팀장님, 실은 제가 성인 ADHD 진단을 받았어요. 관련해서 여러 증상이 있는데, 특히 소음이 있는 환경이나 일하는 도중에 무언가 다른 일이 끼어들면 안 그러려고 노력해도 집중이 흐트러져요. 회의나 공동 업무 할 때를 제외하고 제가 책상에 앉아서 혼자 일할 때만 소음 차단용 이어 플러그를 끼려고 하는데 혹시 괜찮을까요? 양해해 주신다면 업무에 지장 없는 선에서 착용하도록 하겠습니다."

물론 당신이 사는 나라의 법률과 인식, 직장의 특수한 상황, 당신의 개인적이고 구체적인 상황을 염두에 두어야 한다.

<u>요약</u>

- 주변에 잡동사니나 너저분한 물건들이 없으면 집중에 도움이 된다.

- 업무를 미리 계획하면 주의가 덜 산만해진다.

- 미루기 유형을 알아두고 미리 조치를 취한다.

- 타이머를 사용하면 일을 시작하는 데도 도움이 되고 중간에 적절한 휴식을 취하는 데도 좋다.

- 일을 시작하기 전에 과제들의 우선순위를 정해 놓으면 중요한 일들을 먼저 완수할 수 있다.

- 디지털 기기 사용을 자제한다.

- 할 일이 누락되지 않도록 노트에 목록을 만든다.

- 매일 할 일 목록은 날마다 새로 작성하고 우선순위를 정해 주어야 한다.

4장

정신적 유연성
키우기 기술

인지적 유연성의 정의

내가 어느 워크숍에 100명을 모아놓고 '인지적 유연성Cognitive Flexibility, CF'이 무엇인지 확실히 아는 사람만 손을 들어 보라고 한다면 25명 정도만 자신 있게 손을 들 거라고 예상한다. 만약 내가 잠시 시간을 주면서 '인지적cognitive'의 정의를 생각해 보라고 한 뒤, 또 잠시 시간을 주면서 '유연성flexibility'의 정의를 생각해 보라고 한 다음에 똑같은 질문을 다시 던진다면 어떨까? 손을 드는 사람의 수는 75명 정도로 늘어날 것이다. 왜 그렇게 생각하느냐고? 인지적 유연성이 발휘되지 않을 때는 사람들이 간단한 질문에 답하기도 어렵기 때문이다.

인지적 유연성, 즉 CF는 '유연한 사고'를 어렵게 표현한 것이고, '인지'란 '생각'이나 '사고'를 의미한다. 다시 말하면, 하나의 과제에서 다른 과제로 전환하는 능력, 낡은 아이디어에서 새로운 아이디어로 전환하는 능력, 동시에 두 가지 아이디어나 개념에 관해 생각하는 능력이다. 내가 강연장을 가득 채운 사람들에게 "인지적 유연성이 무엇입니까?"와 같은 질문을 던질 때, 그들은 CF의 세 가지 구성 요소를 모두 시험당하는 셈이다.

질문을 들었다면 '메모하기'에서 '대답하기'로 전환해야 한다(과제 전환 능력). 이때 '인지적'이라는 단어가 내가 이해하지 못하는 전문 용어라는 낡은 생각에 갇혀 있을 수도 있다(낡은 아이디어를 새로운 아이디어로 전환하는 능력). 또한 '인지적'과 '유연성'에 관해 생각하는 동시에 정의를 내리는 것이 어렵다고 느낄지도 모른다(동시에 두 가지 개념을 생각하는 능력). 하지만 사고의 속도를 늦추고, 사고를 분할하고, 자유로운 사고를 허용할 때 사람들은 그리 어렵지 않게 '인지적 유연성'에 관한 명확한 이해에 도달한다.

'과제 전환이라니, 어이쿠! 그건 나에게 어려운 일이야.' '한번에 여러 개의 개념을 생각한다고? 맞아, 그건 엄청난 일이지!' 낡은 정보나 아이디어를 버리고 자연스럽게 나타나는 새로운 정보나 아이디어를 받아들이는 부분에서 ADHD 성인들이 가장 많이 실패하곤 한다. 과제 전환만큼 친숙하지는 않더라도 특히 직장에서는 아주 중요한 능력이다. 이 두 가지 능력은 우리가 다양한 과제를 수행하는 데 영향을 미친다.

인지적 유연성이 부족한 성인들은 복잡한 과제를 수행할 때 종종 요구되는 정신적인 트랙의 전환이 신속하고 부드럽게 이뤄지지 않는다. 게다가 과제나 아이디어와 관련된 강렬한 감정과 정서가 있다면 전환은 더욱 힘들다. 예를 들어 보자.

> 존은 재택근무를 하고 있다. 마침 집중이 잘 돼서 마감 시한을 향해 힘차게 앞으로 나아가고 있다. 그때 퇴근하고 들어온 룸메이트가 이렇게 말한다. "존, 저녁 먹으러 나갈래?" 하지만 존은 대답하지 않는다. 그는 집중하고 있고, 여기서 집중이 깨지면 다시 집중하는 상태를 만들기란 정말 힘들다. 룸메이트가 존의 책상에 조금 더 가까이 와서 다시 묻는다. "어이, 저녁 먹으러 갈 거야, 말 거야?" 존은 신경질적으로 대꾸한다. "나 일하고 있잖아!"

이 사례는 인지적 유연성이 부족하면 기능 수행에 문제가 생길 수 있음을 보여 준다. 업무를 하다가 룸메이트와의 대화로 과제를 전환하는 것과 지금 처리하고 있는 내용을 기억하면서 룸메이트의 질문에 답하는 것이 존의 코어 기술로는 감당하기 어려운 일이다. 그는 그 순간의 부담을 이기지 못하고 신경질적으로 대꾸했다. 이런 유형의 상호 작용이 직장에서 커다란 문제로 확대될 수 있다는 것은 당신도 잘 알 것이다. 물론 집중을 방해받는 걸 좋아하는 사람은 아무도 없다. 하지만 직장에서는 통하지 않는 변명으로 여길 확률이 크다.

그러면 당신은 얼마나 유연한가? CF를 측정하는 여러 가지 방법 중 가장 쉽고 재미있는 방법으로 스트룹 효과 테스트Stroop Effect Test가 있다. 나는 10년 이상 대학생들로 가득 찬 강의실에서 이 테스트를 진행했다. 결과는 늘 유쾌했다. 아래에 QR 코드가 있으니 한번 해 보길 권한다. 타이머로 30초를 맞춘 뒤 처음 표 안의 글자를 소리내어 읽어 보고, 다시 30초를 맞춘 뒤 그 아래 표의 각 '글자 색상'을 최대한 빨리, 소리 내어 말하면 된다.

예상해 보자면, 당신은 처음에 쉽다고 생각했겠지만 두 번째 표에서는 헷갈렸을 것이다. 단어 두세 개만 해 보고 요령을 파악해서 끝까지 잘 해내는 사람도 있겠지만, 테스트가 끝날 때까지 계속 헤매는 사람들도 있을 것이다. 이 테스트를 통해 나의 CF가 어느 정도인지를 알아볼 수 있다. 더 정확한 자가 진단을 원한다면 과제 전환, 새로운 아이디어와 낡은 아이디어의 전환에 관한 개인적인 경험을 돌이켜 보라. 그러면 CF와 관련된 당신의 경험을 더 잘 파악할 수 있다.

연습 17 ▶ 표정과 다른 감정 말하기

1 우선 거울을 찾는다. 벽에 걸린 거울도 좋고, 손에 든 거울도 좋고, 휴대전화에서 셀프 동영상 촬영 기능을 사용해도 좋다.

2 특정한 감정을 표현하는 표정을 짓되, 입으로는 다른 감정의 이름을 말한다. 예를 들면 미소 띤 얼굴로 거울을 보면서 "나 화 났어"라든가 "나는 슬퍼"라고 말하는 것이다.

처음에는 잘 안 돼서 낑낑대겠지만, 점점 나아지게 될 것이다.

유연한 문제 해결

나는 10년 이상 실리콘밸리에서 ADHD 치료와 실행 기능 코칭 일을 해 왔다. 가장 똑똑하고 잘나가는 전문직 종사자들의 문제 해결 능력과 성과가 교차하는 지점에 내던져진 셈이었다. 첨단 기술을 이끌어 가는 사람들이 더욱 높은 성과를 내는 데 치료적인 도움을 준 적도 많다. 그들이 일으킨 혁신에 나의 공로도 있다고 자랑하려는 건 아니다! 다만 그들이 정신적 유연성을 키워서 틀을 깨고 골치 아픈 문제들을 해결하는 것을 도운 공로는 있다고 기쁜 마음으로 이야기하고 싶다.

믿기지 않을 수도 있지만, 내가 만난 경영자 중에서 ADHD 증상으로 고생하는 사람들이 많았다. 그들의 강점과 약점을 생각해 보면 충분히 이해가 되는 일이다. ADHD 성인들의 경우, '수평적 사고lateral thinking' 능력이 뛰어난 사람이 많다. 수평적 사고란 보통 사람들이 연결하지 않는 다양한 아이디어를 연결하는 능력이다. 실리콘밸리의 거물들 가운데 나를 찾아온 사람들이 일과 관련된 어려움을 극복할 수 있었던 이유는 내가 그들에게 유연해지기를, 창의적으로 문제를 해결하기를 요구하며 계속 밀어붙였기 때문이다. 실제로 가장 큰 혁신들의 일부는 그들이 내 조언을 받아들여 원래 가던 길에서 180도 틀어 다른 방향을 바라보는 동안에 이루어졌다.

지금부터 내가 말하려는 내용은 이미 정신적 유연성을 키운 사람들이 아니라 여전히 정신적 유연성이 부족해서 힘들어하는 사람들을 위한 것이다. 새로운 문제를 해결하는 데 과거 실패했던 아이디어를 반복적으로 사용하고선 혼자 벽에 머리를 쿵쿵 찧는(비유적 표현이다) 사람들 말이다. 다음의 예를 보자.

놀이터에서 노는 아이에게 집에 가자고 말하는 상황에서 "이제 들어갈 시간이야"라고 말하고, 다시 "가자, 집에 갈 시간이야"라고 말한다. 반응이 없자 한 번 더 "이제 가야 해"라고 말하고, 급기야 "이제 가자, 응? 우리 집에 가야 해"라고 애원한다. 해법은 다음과 같이 말하는 것이다. "오늘 네가 원하는 만큼 놀아도 돼. 하지만 그러면 다음주에는 다시 놀이터에 못 올 거야."

자꾸 지각하는 직원에게 정시 출근을 요청하는 상황에서 "정말 제시간에 와야 합니다"라고 주의를 주고, 변화가 없자 "회의 시간에 맞춰서 도착해야 팀에 지장이 가지 않아요"라고 말하고, 그래도 안 되자 "당신은 우리 팀에서 중요한 역할을 맡고 있으니 늦지 않게 와 주면 좋겠네요"라고 타이른다. 해법은 다음과 같이 말하는 것이다. "번번이 회의에 지각하네요. 우리 팀에서는 당신이 회의에 충실하게 임하지 않는다고 판단했어요. 그래서 이제부터는 당신을 빼고 회의를 시작하려고 합니다."

이렇게 경직된 사고를 넘어서기 위해, 나는 내담자들에게 대안적인 해결책을 떠올려 보는 브레인스토밍을 권한다. 경직된 사고에 갇힌 사람은 십중팔구 다른 해결책을 입 밖에 내기도 전에 그 생각을 지워 버리거나 곧바로 부정적 평가를 내린다.

그러면 유연해지기가 힘들다. 좋은 소식은 내가 내담자들의 정신적 기술을 임시로 대행하면서 새로운 아이디어가 편안하게 흘러다니는 분위기를 조성하면 그들도 자유로운 사고를 하면서 창의적인 해결책을 찾아낼 수 있다는 것이다.

사람들이 창의적인 해결책에 도달하게끔 만드는 나의 방법 중 하나는 비합리적인 것을 받아들이라고 이야기하는 것이다. 그렇다. 당신이 잘못 읽은 게 아니다. 비합리적인 것. 예컨대 나는 그들에게 물리학 법칙에 맞지 않는 아이디어나 재정적 한계에 구속되지 않는 아이디어 혹은 진짜로 마법 같은 아이디어를 생각해 내는 사고 실험을 시킨다. 당연히 그런 아이디어들이 최종적인 해법이 되지는 않지만, 새로운 해법을 찾는 능력을 끌어 올릴 수 있다.

연습 18 ▶ 시각 전환

"어떤 시각으로 보시나요?"라는 질문을 받을 때마다 나는 영업사원 두 명이 어떻게 계약을 성사시킬지 의논하는 장면이나 마케팅 담당자가 고객에게 상품 소개하는 방법을 결정하는 장면이 떠오른다. 이런 연상은, 모든 선택지를 살펴보면서 어느 것이 가장 성공적일지 판단해서 문제를 해결하려고 노력한다는 점에서 매우 유용하다. 어떤 상황이든 다양한 시각과 접근법이 있고, 무엇을 선택하느냐에 따라 각기 다른 결과로 이어질 수 있다.

내 친구 존 K. 코일John K. Coyle은 문제를 깊이 생각하고 해결하는 방법을 설계하는 사람이다. 그는 유연하고 창의적인 사고를 능숙하게 활용해서 스피드 스케이팅에서 올림픽 메달을 획득하기도 했다! 사람들이 단시간 내에 새로운 시각과 선택지를 발견하게 해 주는 그만의 훌륭한 연습법이 있다.

이 연습법은 단 하나의 질문에 존재한다. "○○○라면 어떻게 할까?" 당신이 존경하는 유명인의 이름을 빈칸에 넣어 보라. 스티브 잡스, 오프라 윈프리, 스티븐 호킹을 선택해도 되고, 친한 친구나 동료처럼 당신이 일상생활에서 훌륭하다고 생각하는 사람을 넣어도 된다. 다른 사람의 자리에 서 보고 그 사람의 마인드셋을 가져보면, 당신의 자리에서 잠시 벗어나 새로운 시각을 획득할 수 있다.

1 다음 질문에 답해 본다. "내가 계단을 올라가는 방법이 몇 가지나 될까?" "한 번에 한 칸씩"이라든가 "내 발로"와 같이 대답하면 된다.

2 이제 스스로에게 질문해 본다. "승부욕이 강한 스케이트보드

선수라면 어떻게 올라갈까?" "기계체조 선수는 뭐라고 대답할까?"

연습 19 택배 상자 활용법

1 노트를 가져와서 10줄을 센다.

2 타이머를 2분으로 맞춘다.

3 타이머가 울릴 때까지 택배 상자를 활용하는 방법을 최대한 많이 생각해서 노트에 써 본다.

이런 연습을 통해 약간의 도움을 받는다면, 당신의 사고는 유연해질 수 있다.

Tip ▶ **어린 시절을 떠올린다.**

생각하다가 막히면 어린 시절로 돌아가서 똑같은 질문을 다시 던져 본다. 아이들은 놀라운 힘을 가지고 있다. 그들은 아직 성인의 삶과 사회의 엄격한 규칙과 온갖 관습적 사고에 얽매이지 않은 존재다. 택배 상자로 로켓이나 자동차를 만들 수 있겠는가? 당연히 가능하다. 또 무엇을 만들 수 있겠는가? 비합리성의 힘을 이용해 상상의 나래를 펼쳐 본다. 이 연습을 잘하는 또 하나의 방법은 실물을 가지고 해 보는 것이다. 택배 상자를 가지고 바닥에 앉아서 머리를 자유롭게 굴려 보라.

내가 그 사람이었다면

이 장의 첫머리에서 말했듯이 인지적 유연성의 주요 기능 중 하나가 두 가지 아이디어를 동시에 머릿속에 넣어 두는 능력이다. 아마도 당신의 정신은 감정이 가장 많이 개입된 아이디어에 착목하거나 집착하는 경향이 있어서 두 가지를 함께 머릿속에 넣는 게 쉽지 않을 것이다. 감정이 개입되지 않은 아이디어도 다른 사람이 그것에 반대하거나 그 관점이 틀렸을지도 모른다는 증거를 제시하면 갑자기 감정이 개입되곤 한다.

예컨대 당신은 세상이 평평하다고 믿는데 누군가가 "아니, 세상은 평평하지 않아. 과학적으로 다 입증됐거든. 넌 왜 세상이 평평하다고 생각해?"라고 말한다 치자. 상대가 "왜"라고 묻는 것만으로도 당신은 반사적으로 원래 입장을 옹호하고, 처음에 가졌던 생각에 더 강하게 집착하기도 한다. 게다가 당신의 믿음에 대한 직접적인 도전은 강한 감정 반응을 일으켜 전전두피질의 작동을 중단시킨다. 뇌의 감정 중추가 흥분해서 주도권을 잡기 시작하면 유연하고 창의적으로 사고하는 능력은 약화한다.

당신이 다른 사람의 입장에 서기가 특별히 어려운 또 하나의 이유는 뇌의 '교통경찰'이 졸음을 느끼기 때문이다. 신호등이 고장 났을 때 교차로 한가운데 서서 교통 정리를 해 주는 역할을 하는 교통경찰이 주의를 기울이지 않으면 여러 방향에서 오는 차들은 서로 충돌할 것이다. 뇌의 교통경찰은 우리의 자각으로 들어오는 정보(광경, 소리)와 내면에서 생겨나는 정보(생각, 감정)와 밖으로 표출되는 정보(반응, 행동, 반짝하는 아이디어) 사이에서 교통 정리를 담당한다. 안타깝게도 이 졸린 교통경찰은 일이 너무 힘들어지거나 따분해지면 더욱 졸려 한다.

예컨대 배우자가 당신에게 "부엌 식탁 위에 업무용 서류와 물품을 올려 놓는 게 정말 거슬려"라고 말한다 치자. 그런 말을 들을 때 당신은 배우자의 관점에서 문제를 바라보지 못할 가능성이 높다. "뭐라고? 난 부엌 창가에서 일하는 게 좋단 말이야!" 어디서 많이 들어 본 반응이라고? 만약 졸린 교통경찰이 정신을 차린다면, 그는 잠시 멈추고 전체 그림을 바라볼 것이다. 그런 멈춤은 당신에게도 선택지를 준다. 배우자의 자리에 서 보고, 창의적인 해법을 생각해 내거나, 곧바로 말다툼에 뛰어들기보다는 적절한 질문을 던져 화해의 문을 열지도 모른다.

다른 사람의 입장에 서 본다는 것은 공감의 다른 표현이다. 공감은 단지 타인의 관점 또는 경험을 어느 정도 이해하고 인정하는 것이다. ADHD인 사람들은 보통 공감 능력이 뛰어나고 타인의 필요나 요구에 무척 민감하다. 그러나 주의력 관련 문제의 기저에 있는 여러 신경학적 요인들은 입장을 바꿔보고 공감하는 능력을 떨어뜨릴 수도 있다.

연습 20 ▶ 다른 사람의 입장에 서 보기

오래 전에 나는 아동과 청소년을 위한 정신과 시설의 관리자로 일했다. 한번은 10살 정도 되는 아이가 새로 들어왔는데 굉장히 불안해했다. 그 불안감의 표현 중 하나가 밤이 되면 침대에 오줌을 싸는 것이었다. 우리 모두 어릴 때 한번쯤은 그런 창피한 경험을 해 봤을 것이다. 그 아이보다 몇 살 위 형인 룸메이트는 자기 나름대로 아이의 오줌 싸는 습관을 고치려고 창피를 주는 방법을 썼다. 하지만 그 방법은 통하지 않았다. 창피를 당하면 불안은 더 커지는데, 애초에 아이의 문제였던 불안감을 더 증가시키기만 한 것이다. 나는 이 사실을 금방 눈치채고 그 룸메이트를 만났다. 아이는 자기가 동생의 오줌 싸는 습관을 고쳐주려는 거라고 말했다. 나는 이성적으로 설명하려 했지만 아무

소용이 없었다. 너무 오래 기싸움을 벌이며 앉아 있노라니 혹시 내가 인지적 유연성이 부족해서 문제인 게 아닐까 하는 생각이 들었다.

그래서 전혀 다른 방법을 써 봤다. 그 아이에게 방에서 오줌 냄새가 나서 정말 힘들겠다, 몇 살 어린 동생과 같은 방을 쓰는 것도 별로일 텐데 그 동생이 침대에 오줌까지 싼다니 덩달아 창피하겠다며 공감해 줬다. 그 아이가 내 말에 귀를 기울이고 우리의 기싸움도 중단되자 나는 이렇게 말했다. "자, 우리 한번 상상해 보자. 네가 정말정말 힘든 시기를 보내고 새로운 장소에 왔는데 불안감이 심해져서 침대에 오줌을 싸기 시작했어. 그런데 너보다 나이가 몇 살 많고 뭐든지 척척 잘 하는 멋진 룸메이트 형이 너를 놀리기 시작하는 거야. 그럼 네 기분이 어떻겠니?" 아이는 눈을 동그랗게 뜨더니 마치 머리와 가슴에 불이 번쩍 켜진 것처럼 미소를 지었다. 그러고 나서 우리는 5분 내로 해결책을 찾아냈고, 이틀이 지나자 그 문제는 말끔히 해결됐다.

그 상호 작용이 효력을 발휘한 이유는 내가 그 룸메이트 아이의 입장에 먼저 공감하고 나서 그 아이가 동생의 입장에 서서 공감하도록 유도했기 때문이다. 입장 바꾸기를 두 번 연달아 했더니 마법처럼 효과가 좋았다. 현실의 문제를 해결하기 위해 이 전략을 어떻게 사용할 수 있을까? 간단하다.

1 동료, 친구, 배우자, 또는 자녀가 당신이 한 어떤 행동 때문에 짜증이 나거나 화가 난다고 말하면 일단 멈춘다.

2 자동으로 방어적인 반응을 하기 전에, 그 멈춤의 시간을 이용해서 만약 상대가 불평하고 있는 비로 그 문제를 당신이 겪었다면 어땠겠는지 스스로에게 질문을 던져 본다.

어떤 사람의 관점을 인정하고 공감한다고 해서 무조건 그 사람이 옳고 당신이 틀렸다는 뜻은 아니다. 사실은 그 사람의 관점이 누가 봐도 터무니없는 것일 수도 있다. 하지만 상대가 옳든 아니든 간에 당신의 정신적 유연성을 활용해서 상대의 입장을 더 잘 이해한다면 마찰을 줄이고 해결책에 더 빨리 도달할 수 있을 것이다.

Tip ▶ **입장을 바꾸기 위해 잠시 멈춘다.**
나의 믿음, 행동, 의견을 자동적으로 옹호하고 있는 나를 발견한다면 그것을 정지 신호로 받아들이고 상대의 입장에 관한 질문들을 던져 보라. 정보가 많을수록 상대의 견해를 온전히 이해하는 데 도움이 된다.

플랜 B 장착하기

예비 계획은 누구에게나 필요하다. 나는 워크숍이나 강연을 할 때마다, 분위기가 안 좋아지거나 대화가 예상치 못한 방향으로 흘러갈 때 방향을 바꿀 수 있는 주제들을 준비한다. 내가 준비한 내용이 점심 식사 후에 졸음을 느끼는 사람들에게는 공감을 얻지 못할 수도 있고, 나도 모르게 뜨거운 논쟁거리가 되고 있는 주제를 건드릴 수도 있다. 어느 쪽이든 발표자이자 교육자로서 나는 신속하게 기어를 전환해서 그런 상황에 잘 대처할 수 있어야 한다. 제때 대처하지 못하면 사람들의 고개가 책상으로 떨어지거나 워크숍 참석자들이 지나치게 감정적으로 반응해서 내 말을 받아들이지 못하게 된다.

현실적으로 생각하자. 일상적인 상황에서 당신은 언제든지 실행할 수 있는 예비 계획을 가지고 있지 않을 것이다. 미리 계획을 세운다는 것이 어렵게 느껴지겠지만, 그래서 우리는 기어를 바꾸고 플랜 B 시나리오를 신속하게 실행하는 연습을 더 해야 한다.

플랜 B 찾기

일이 잘못될 수 있는 상황 두 개가 있다. 당신은 플랜 B 전문가가 되어야 한다. 전문가 수준이라면 이 연습에서 각각의 상황에 대한 플랜 B를 20초 안에 생각해 내야 한다. 노트를 꺼내 각 상황에 대해 플랜 B를 적어 본다. 만만치는 않을 것이다.

1 린은 중요한 면접에 가기 위해 택시를 잡으러 뛰어가는 중이다. 40층에서 엘리베이터를 타고 로비로 내려왔는데, 휴대전화를 출입증과 함께 40층에 두고 왔다는 사실을 깨닫는다. 재빨리 머리를 굴려 보니 다시 올라갈 시간은 없다. 출입증이 없으니 위로 올라가는 것 자체가 어렵고, 휴대전화 없이 택시를 부를 방법은 없다. 아니, 혹시 방법이 있을까? 린은 다른 방법으로 택시를 잡을 수 있을까? 20초가 주어진다. 시작!

2 7살인 아들의 친구가 놀러 왔다가 저녁을 먹고 가기로 했다. 당신이 시금치, 사과, 토마토, 호두, 치즈가 들어간 샐러드를 만들고 있는데 아들이 말한다. "아빠, 내 친구는 초록색 채소를 안 먹어." 당신은 요리를 얼른 변형할 수 있겠는가? 20초가 주어진다. 시작!

자유롭게 사고하기

논리 퀴즈를 이용해서 문제 해결력을 향상시킬 수도 있다. 각 문제를 20초 안에 풀어 본다. 반드시 타이머를 맞춰야 한다.

1 회색곰은 모두 눈을 두 개씩 가지고 있다. 회색곰은 물고기를 즐겨 먹는다. 물고기도 모두 눈을 두 개씩 가지고 있다. 물고기 두 마리를 먹어치운 회색곰 한 마리가 헛간에 서 있다. 헛간에 눈은 모두 몇 개인가?

2 장미는 빨간색, 제비꽃은 파란색이다. 당신에게는 빨간색 페인트 한 통과 파란색 페인트 한 통이 있다. 지금 당신이 울타리에 페인트칠을 하려고 하는데 배우자는 빨간색과 파란색 둘 다 싫다고 말한다. 당신이라면 어떻게 하겠는가?

▶ **다른 관점으로 문제를 바라보기 위해서는 마음이 차분해져야 한다.**

잠깐 멈춰서 심호흡을 하고, 자기 자신에게 틀을 벗어날 시간을 준다.

생각에 관한 생각

10대가 되기 전까지 우리에게는 나의 사고 과정에 관해 사고하는 능력이 생기지 않는다. 심리학자들과 신경과학자들은 그런 능력을 메타인지metacognition라 부른다. 메타인지는 나 자신의 생각을 관찰하고 이해하고 평가하는 능력이다. 그렇다. 메타인지는 '생각에 관한 생각' 또는 '앎에 관한 앎'이다. 이렇게 설명하면 조금 추상적이다. 하지만 궁극적으로 메타인지는 나의 생각을 자각하고, 그 생각의 내용을 알고, 그 생각이 우리의 경험에 어떤 영향을 주고, 우리가 애초에 어떻게 그 생각을 하게 됐는지를 자각하는 것이다. 자각이 없다면 우리 삶의 어떤 것도 바꿀 수 없다.

예를 한번 들어 보자. 당신은 '코끼리는 모두 엄니를 가지고 있다'고 믿는다. 내가 당신에게 어떻게 그런 믿음을 가지게 됐느냐고 물으면 당신은 나에게 대답해 줄 것이다. 어렸을 적에 부모님에게 그렇게 들었을 수도 있고, 지금까지 봤던 코끼리 사진에는 항상 엄니가 있어서 그럴 수도 있다. 이번에는 내가 당신의 그런 믿음은 무지한 거라고 강력하게 주장한다고 치자. 나는 과학 문헌에 수록된 사진이나 인터넷에 올라온 동영상을 당신에게 보여 준다. 그러면 당신이 자기 주장을 펼치기는 거의 불가능해진다. 당신은 기분이 상해서 나를 향해 "코끼리는 원래 다 엄니가 있다" "그게 아니라고 고집하는 네가 나쁘다"라고 소리치기 시작한다.

나는 한 걸음 물러나서, 당신에게 왜 그렇게 기분 나빠 하느냐고 묻는다. 그때 당신이 지금 무슨 생각을 하고 있으며 그 생각에 관해 어떤 감정을 느끼는지를 말해 줄 수 있다면, 당신은 시야를 확대해서 메타인지를 실행할 줄 아는 것이다. 만약 당신이 "몰라, 원래 이래"라고 대답한다면, 당신이 무슨 생각을 하고 있고 왜 그 생각을 하고 있는지에 관해 나에게 더 이야기해 줄 수 없다면, 당신은 메타인지를 실행하고 있지 않은 것이고 당신의 주장을 옹호할 근거를 더 제시할 수도 없을 것이다.

다른 예를 보자. 내 딸은 다섯 살이다. 아이는 유치원 같은 반 친구와 관련된 상황을 가지고 칭얼거릴 때가 많다. "아빠, 나 알마한테 화났어! 걔가 뭘 했는지 알아? 내 그림을 찢었어!" 나는 다 발달한 뇌를 가진 성인이므로 이렇게 대답한다. "우리 딸, 그런 일이 있었구나. 속상했겠네. 그런데 알마가 왜 그랬을 것 같니?" 나는 아이에게 그 사건에 관한 자신의 생각을 재구성할 기회를 주려고 한다. 아이가 메타인지를 사용해서 자기 자신의 생각이나 다른 사람들의 생각과 동기를 이해하려면 발달 단계상 조금 더 커야 하기 때문이다. 우리 아이는 다섯 살이므로 다음과 같이 대답할 것이다. "걔가 왜 그랬는지 내가 어떻게 알아. 그냥 내 그림을 찢었어!" 자세히 알아보니 알마는 그 그림을 발견하고 더 잘 보려고 집어 들었는데, 우리 아이가 소스라치게 놀라며 그림을 빼앗으려고 하다가 결국 그림이 찢어졌다고 한다.

이 사례에서 실제로 일어난 일을 아이에게 이해시키기 위해서 나는 성인인 나의 뇌를 활용해서 사건들을 체계적으로 분석해야 했다. 우리 아이는 자기 실수에 대한 책임을 지기 싫어서 이야기를 얼버무렸을까? 어쩌면 그랬을 수도 있다. 하지만 아닐 수도 있다. 달리 어떻게 할 도리가 없었을 것이다. 아이의 뇌는 아직 정신의 코어 기술을 가동하는 단계까지 발달하지 않았기 때문이다. 아이는 메타인지를 활용해서 자신의 생각에 관해 생각할 수가 없었고, 알마의 생각이나 동기를 상상해 볼 수도 없었을 것이다.

연습 23 ▶ 메타인지 근육 이완하기

아래에 짧은 글쓰기 도움말이 있다. 시간은 얼마가 걸려도 좋으니 제시된 주제에 관해 반 페이지 분량을 써 본다. 이건 문법 시험이 아니다. 철자를 교정할 필요도 없고 너무 오래 매달릴 필요도 없다. 길어도 30분이면 될 것이다. 글을 다 쓰고 나서 질문에 답해 본다.　　　　　　　　　　※ 질문을 먼저 읽지는 말 것.

글쓰기 도움말 당신이 일상적으로 겪는 가장 큰 고충 세 가지를 반 페이지 분량으로 설명한다. 노트북을 사용해도 되고 손으로 써도 된다. 당신의 글을 읽을 사람이 ADHD에 관해 전혀 모른다고 가정하고 증상을 나열하지 말고 문장으로 서술하라. 글을 다 쓰고 나면 아래 질문에 답한다.

1 왜 그 세 가지 고충을 선택했는가?

2 그 고충들은 ADHD 성인들 대다수에게 해당하는 것인가, 아니면 당신에게만 해당하는 것인가?

3 세 가지 고충에 관한 설명을 적을 때 기분이 어땠는가? 고충을 생각해 내기가 어려웠는가?

4 세 가지 고충을 알기 쉽게 잘 설명했다고 생각하는가?

이 질문들에 답하면 정신의 메타인지 근육이 이완된다.

▶ 메타인지를 활용하기 위해서는 잠깐씩 멈추는 시간이 필요하다.

당신의 삶에서 메타인지를 활용해서 성과를 향상시키고 삶의 질을 높여야 하는 영역들을 찾아본다. 그렇게 하면 현재의 순간을 자각하고 잠깐씩 멈춰서 당신의 생각에 관해 생각하게 될 가능성이 높아진다.

연습 24 ▶ 자기 관찰

메타인지를 활용해서 생각을 관찰하는 것은 감정 조절의 열쇠다. 예를 들어 당신이 주차할 자리가 비기까지 10분 동안 기다렸는데, 어떤 사람이 바로 앞으로 차를 슬쩍 몰고 와서 그 자리를 차지했다고 상상해 보자. 당신은 화가 치솟아서 차창을 열고 큰 소리로 욕하고 싶겠지만, 망신을 자초하는 대신 분노를 억제하고 다른 자리를 찾아보기로 한다.

우리는 모두 감당하기 어려운 감정이나 강렬한 감정을 경험한다. 그 감정들의 강도와 그 감정들이 나의 행동에 미치는 영향을 어느 정도 통제하는 능력은 성공을 위해 반드시 필요하다. 감정과 감정 뒤에 숨은 생각들을 통제하려면 감정과 생각들을 자각하고 있어야 한다. 다음 장에서 감정을 관리하는 기술들을 다룰 것이다. 지금은 그 준비 단계로서 인지적 유연성을 키우기 위한 자기 관찰 연습을 해 보자. 아래의 활동을 단계별로 수행하고, 그러는 동안 당신이 무엇을 생각하고 느끼는지에 대한 자각을 유지하라.

1 종이 한 장을 꺼낸다.

2 펜이나 연필을 꺼낸다.

3 종이를 반으로 접는다.

4 1부터 10까지 머릿속으로 세거나 소리 내어 센다.

5 접힌 종이의 양쪽 면에 11부터 20까지의 숫자를 쓴다.

6 접힌 종이를 다시 펼친다.

7 머릿속으로 또는 소리 내어 1부터 10까지 다시 센다.

8 아까와 똑같이 종이를 다시 접는다.

9 접힌 종이의 양쪽 면에 11부터 20까지의 숫자를 다시 쓴다.

10 종이를 다시 펼친다.

11 종이를 3분간 탁자 위에 놓아둔다.

12 종이를 분리 수거함에 넣고 당신의 하루 일과를 계속 진행한다.

13 당신이 그 연습을 하는 동안 무엇을 생각하고 어떤 감정을 느꼈는지를 머릿속으로 생각하거나 소리 내어 말한다.

이 연습을 하면서 당신은 실망이나 짜증을 느꼈을 것이다. 그게 연습의 목표였다. ADHD인 사람들은 순서를 밟아 가며 해야 하는 일을 싫어한다. 특히 의미 없어 보이는(혹은 실제로 의미 없는) 일을 순서대로 하는 걸 싫어한다. 당신은 이 연습을 하면서 당신의 생각과 감정을 알아차렸는가? 그 생각과 감정이 당신의 성과에 어떤 영향을 미쳤는지 설명할 수 있겠는가? 당신은 13단계를 모두 해냈는가? 끝까지 해내지 못했다면 그 이유는 무엇인가?

기어 변환 능력 키우기

당신에게 유독 골칫거리인 게 하나 있다면 바로 '기어 변환'일 것이다. 기어 변환은 하나의 활동에서 다른 활동으로 전환하는 것, 하나의 장소에서 다른 장소로 이동하는 것, 방해를 받아 업무 흐름이 끊기는 것 등을 의미한다. ADHD 성인들 대다수는 자신들이 하나의 기어에 완전히 고정되어 있거나, 아니면 스펙트럼의 반대쪽 끝에 있어서 스스로 제어하지 못하는 사이에 기어가 휙휙 바뀐다고 생각한다. 스스로 스펙트럼의 어느 쪽에 위치한다고 생각하는지는 중요하지 않다. 어느 쪽이든 효율성과 삶의 질을 파괴할 수 있다.

시간을 지키는 문제를 예로 들어 보자. 요르게와 베아트리스는 사는 나라도 다르고 직업도 다르지만 ADHD 진단을 받은 성인이라는 공통점이 있다. 둘 다 오전 9시까지 출근해야 하는데, 종종 45분 정도 지각을 한다. 이들의 상사는 결국 인내심을 잃고 야단을 친다. "왜 또 늦었어? 대체 뭐가 문제지? 시간 맞춰 오는 게 왜 그렇게 어려워?" 내가 장담하건대, 가상 인물인 상사의 이 대사를 읽는 것만으로도 당신은 심장 박동이 빨라지고 수치심을 느껴서 어딘가로 달려가 숨고 싶을 것이다. 당신 탓이 아니다. 저 문장들을 쓰기만 했는데 나도 그런 기분이 든다.

만약 요르게와 베아트리스가 상사의 "왜"에 대답하는 말을 녹음해서 틀어 놓는다면 마치 메아리처럼 들릴 것이다. 두 사람은 똑같은 이야기를 하고 있을 테니 말이다. 이야기의 순서나 강조하는 지점은 다를지 몰라도, 두 사람의 대답에서 주된 내용은 하나의 과제에서 다른 과제로, 또는 하나의 목표에서 다른 목표로 전환하기가 어렵다는 의미일 것이다. "죄송합니다. 정말 죄송합니다. 잠깐 다른 데 신경을 썼더니 시간이 휙 지나갔어요. 어제는 아침에 집에서 출발하기 전에 15가지 일을 하려다 보니…. 오늘은 어떤 일을 끝내려고 했는데, 멈춰야 한다는 걸 알면서도 멈출 수가 없었어요. 제가 생각해도 어이가 없네요.

다시는 그런 일이 없도록 하겠습니다."

"다시는 그런 일이 없도록 하겠습니다." 그렇게 말하고 나서 몇 시간 후, 혹은 며칠 후에 그런 일이 반복된 적이 수없이 많지 않았는가? 성공을 보장하는 계획도 없이 다른 사람에게 다시는 그런 일이 없을 거라고 말하는 건 실망할 일을 미리 만드는 것밖에 안 된다. 목표 의도를 강화하는 방법을 배워야 한다.

디지털 시대에 우리는 수시로 방해를 받는다. 눈앞의 일에서 뉴스 속보로, 친구가 보낸 문자 메시지로, 아니면 귀여운 고양이 동영상으로 기어를 변환하라는 요구를 받는다. 당신은 작은 방해만 받아도 선로에서 완전히 이탈할 가능성이 있다. 목표 의도 강화는 디지털을 비롯한 갖가지 방해에 강력한 해독제로 작용한다. 이 전략을 사용한다는 것은 우리가 현재의 순간에 무엇을 하고 싶은지 또는 무엇을 해야 하는지를 결정하고, 목적의식을 가지고 실행한다는 뜻이다. 일반적으로 소셜미디어의 늪에 빠져드는 것은 목적의식적인 행동이 아니다. 목적의식을 가지고 휴식을 취하는 경우라면 몰라도. 잠시 멈춰서 멍하니 웹서핑하는 시간을 가지는 것도 목적의식이 있다면 괜찮다. 그런 시간을 너무 자주 가져서 당신의 성공을 방해하지만 않는다면 말이다.

몇 가지 기술을 동시에 활용해서 기어 변환 능력을 서서히 키워 보자. 기어를 변환하고 있는 사람이 해야 할 일을 상상해 보라. 그 사람은 잠시 멈추고, 자신에게 요구되는 과제를 자각해야 하고, 자기를 관찰하고, 마지막으로 주의를 다른 데로 돌려야 한다. 주의 이동은 신속한 해결책도 마법의 약도 아니지만 서로를 뒷받침하며 키워 나갈 수 있는 일련의 기술들이다. 제대로 활용하기만 하면 강력한 도구가 될 수 있다.

주의력이 흥미로운 능력인 이유는 ADHD가 있든 없든 우리가 주의를 기울이는 것에 다른 사람들도 곧잘 주의를 기울이기 때문이다. 이건 말장난도 아니고 수수께끼도 아니다. 마치 "움직이는 물체는 계속 움직이려고 한다"라는 물리학 법칙과 똑같은 이야기다. 항상 부정적인 것에 초점을 맞추는 사람을 만난 적이 있는가? 당신의 친구나 동료 중에도 상대의 잘못된 점이나 개선할 점을 계속 지적하는 사람이 있을 것이다. 그런 사람들과 같이 있으면 에너지가 고갈될 때가 많다. 당신이 참 아름다운 날이라고 말했는데 그들은 바람이 너무 세다고 대답한다거나, 당신이 바다에서 헤엄치는 걸 좋아한다고 말했는데 그들은 상어에게 공격당할 확률을 이야기한다. 그런 사람들은 부정적인 것에 집중하는 데 굉장히 많은 시간을 쓰기 때문에 이제 그들의 주의력은 자동으로 부정적인 것에 맞춰진다.

주의 이동의 힘을 이용해 당신의 삶 속에서 긍정적인 변화를 이끌어 내는 것은 생각보다 훨씬 간단한 일이다. 하지만 간단하다는 것과 쉬운 것은 다르다. 당신의 주의력이 자동적으로 머무는 대상을 변화시키려면 시간과 노력이 소요되지만, 복잡한 과정은 아니다.

만약 당신이 매일 오전 7시에 아이들을 학교에 보내려고 옷을 갈아입히는 일에 신경을 써야 한다면, 당신의 주의력이 업무나 아침 식사 메뉴, 귀여운 인스타그램 게시물로 이동하지 않기를 바랄 것이다. 어떤 방해를 받더라도 당신의 주의력이 아이들을 준비시키는 일에 계속 머물기를 바랄 것이다. 이런 원리는 내가 나와 세상에 관해 가지는 믿음에도 적용되며, 나의 의욕에 지대한 영향을 미칠 수도 있다. 만약 당신이 특정한 활동을 잘 해내지 못한 것에 초점을 맞춘다면 그 활동에 참여할 의욕이 나지 않을 것이다. 그것은 스키나 운전과도 비슷하다. 우리는 우리가 쳐다보고 있는 방향으로 나아가는 경향이 있다.

연습 25 ▶ 주의 이동 활용하기

주의 집중과 관련된 모든 어려움을 한꺼번에 해결할 수는 없다. 우선 단 한 가지를 변화시키되, 목표로 삼는 그 한 가지는 최대한 광범위한 의미를 지니는 것으로 선정하자.

집중과 관련해서 변화시키고 싶은 부분을 하나만 고른다면 무엇인가? 목표를 쉽게 정하는 방법은 당신이 부정적인 내면 대화를 자주 하게 만드는 사람, 과제, 상황을 생각해 보는 것이다. 당신은 무슨 일로 자주 자책하는가? 보통은 그것이 당신이 간절히 바꾸고 싶어 하게 만드는 영역이라는 단서가 된다.

예를 들어 보자. '앗, 저기 선이 있네. 저 사람은 내가 또 주간 보고서를 늦게 냈다고 나를 책망할 거야. 휴게실에 가서 숨어 있어야겠다.' '내 옆자리에 앉은 사람이 오늘 아침에만 백 번째 헛기침을 하네. 머리가 돌아가질 않아!' '내 게임기가 보이잖아. 못 기다리겠다. 일하기 전에 한 판만 하면 괜찮을 거야.'

1 항상 당신의 주의를 끄는 부정적인 것을 떠올려 본다.

2 그 부정적인 것을 접착식 메모지에 써서 욕실 거울에 붙인다.

3 다른 접착식 메모지를 가져온다. 앞서 쓴 부정적인 대상을 마주할 때마다 그것 대신 주의를 기울이고 싶은 긍정적인 대상을 쓴다.

4 일주일 동안 당신이 2단계에서 쓴 부정적인 대상의 이름 또는 그에 관한 설명을 매일 소리 내어 읽는다. 그리고 나서 당신이 3단계에서 쓴 긍정적인 대상의 이름 또는 설명을 소리 내어 읽는다.

5 일주일마다 당신의 주의를 사로잡는 부정적 대상을 다른 것으로 바꿔서 이 과정을 되풀이한다. 시간이 흐르면 당신의 주의력이 어디에 고정되는지를 더 잘 자각하게 되고 주의력을 조절할 수도 있게 된다.

Tip ▶ **근무 환경을 바꾸는 연습을 한다.**

장소나 환경이 달라지면, 비록 책상의 위치를 바꾸거나 다른 칸막이로 이동하는 것처럼 작은 변화라 해도, 주의 이동에 즉각적인 변화가 일어날지도 모른다.

연습 26 ▶ 자기 방해 알아차리기

우리는 늘 방해를 받는다. 가장 흔하면서도 잘 의식하지 못하는 방해는 내가 나에게 하는 방해다.

1 3일 동안 최대한 많은 시간 노트를 가지고 다닌다.

2 노트의 빈 면을 골라서 추적 기록을 해 본다. 당신이 과제에서 이탈하거나 방해를 받을 때마다 노트에 표시한다. 당신 스스로 집중을 방해했을 때는 'X'로 표시하고, 다른 사람 또는

외부의 어떤 것이 방해했을 때는 'O'로 표시하라.

이렇게 추적을 하면 당신이 얼마나 자주 스스로 집중을 무너뜨리는지에 대한 자각이 높아진다. 스스로 하는 방해는 생각일 수도 있고, 웹사이트나 문자 메시지일 수도 있고, 낙서일 수도 있고, 청소나 강아지 쓰다듬기일 수도 있다. 당신이 어떤 활동이나 생각을 시작해서 눈앞의 과제에서 이탈하는 경우를 모두 기록해 보자.

이제 당신은 더 유연한 사고를 하는 법과 유연한 사고가 당신의 삶에 가져다주는 가치를 알게 됐다. 이어서 강렬한 감정들

이 당신의 성과에 어떤 영향을 미치는지 알아보고 그 감정들을
관리하는 기술을 익혀 보자.

요약

- 인지적 유연성이란 하나의 과제에서 다른 과제로 전환하고, 오래된 아이디어를 새로운 아이디어로 바꾸고, 머릿속에 둘 이상의 개념을 동시에 간직하는 능력이다.

- 어떤 과제나 아이디어에 강렬한 감정이 개입되면 머릿속에서 선로를 바꾸기가 어려워진다.

- 반응하기 전에 잠시 멈추면 선택의 여지가 생겨난다.

- 공감 능력을 키우고 어떤 상황이나 믿음을 다른 사람의 관점에서 바라보는 연습을 하면, 갈등은 줄이고 문제는 신속하게 해결할 수 있다.

- 기어 변환 능력을 향상하기 위해, 일이 예상치 못한 방향으로 전개될 때를 대비한 '플랜 B' 마련하기 연습을 한다.

- 메타인지란 자기 자신의 생각을 관찰하고, 이해하고, 평가하는 능력이다. 자기 조절에서도 중요한 역할을 한다.

5장

감정 조절 기술

감정이라는 가속 페달

누구나 분노, 슬픔, 절망, 초조함과 같은 불편한 감정을 경험하지만 나름대로 잘 관리하며 살아간다. 하지만 이런 강렬한 감정 관리를 특히 더 어려워하는 사람들이 있다. 그들은 자신들이 동의하지 않았고 제어할 수도 없는 감정이 생겨나는 느낌을 받는다.

감정 조절은 내가 느끼고 있는 감정들을 인식하고 그 감정들의 강도를 조절하려고 의식적으로 노력하는 행위를 뜻한다. 내가 내담자들과 나누는 감정 조절에 관한 이야기 중 99퍼센트는 부정적인 감정에 관한 것이다. 누구나 공포와 같은 부정적 감정을 만족감과 같은 긍정적 감정보다 강하게 느낀다. 만약 공포가 그토록 강렬한 감정이 아니었다면 초기 인류는 하나의 종으로서 살아남지 못했을 것이다. 수천 년 전, 우리는 약탈자의 공격을 두려워할 필요가 있었다. 우리가 따 먹던 야생 딸기에는 꼬리표가 붙어 있지 않았으므로 어떤 딸기가 병을 일으키는지 기억하고 그런 딸기를 두려워해야만 했다.

안타깝게도 현대 사회에서는 부정적인 감정이 불필요한 지점에서 생겨나곤 한다. ADHD 성인들의 경우 이런 감정들은 마치 산불처럼 걷잡을 수 없이 번질 수도 있다. 강렬한 감정들이 통제되지 않으면 명확한 사고를 하기가 힘들어지고, 충동적인 선택을 하게 되고, 자기 자신과 다른 사람들에게 지나치게 가혹해진다. 살다 보면 당연히 감정이 고조되기도 하고 하강하기도 하는데, 우리는 감정이 오르락내리락하는 폭을 제한할 수 있어야 한다. 그렇지 못하면 삶은 위태로운 롤러코스터로 변한다.

몇 년 전에 나는 '감정의 전기 울타리'라는 용어를 만들었다. ADHD 성인들이 강렬한 부정적 감정 안에 갇혀 버릴 때의 경험을 비유적으로 표현한 것이다. 옛날 애니메이션을 보면 주인공이 전기 울타리를 손으로 잡았다가 놓지 못하는 장면이 나온다. 강한 전류가 몸에 직접 닿으면 근육이 굳어져서 전기 울타리를 놓을 수 없게 된다. 부정적 감정도 똑같은 방식으로 작동한다. 뇌를 정지시키거나 뇌가 그 감정에 갇히게 만들어서 인간관계, 직장생활, 사생활에 온갖 문제를 일으킨다. 예를 들어 집에서 당신에게 필요한 물건을 누군가가 옮겨 놓았거나 잘못 놓아두었을 때 지나치게 화를 내면서 소리를 지르거나 그 사람에게 상처를 입히는 말을 하게 된다. 혹은 당신이 물건을 엉뚱한 곳에 놓았을 때 분노를 내면으로 돌려서, 스스로에게 상처가 되는 말을 하고 자존감을 떨어뜨릴 수도 있다. 당신이 어떤 프로젝트를 제시간에 완수해야 해서 마음이 초조할 때도 똑같은 일이 벌어진다. 그래서 일을 시작하려고만 해도 몸이 얼어붙는 느낌을 받거나 일을 자꾸 미루게 된다.

뇌에서 감정이 위치하는 곳은 그 감정을 조절하는 능력이 위치하는 곳과 다르다. 감정을 뇌 중앙에 위치한 경주용 자동차의 가속 페달이라고 생각하라. 뇌의 중앙(변연계)은 ADHD 증상들이 발현되는 곳이 아니다. ADHD는 주로 뇌 앞쪽(전전두피질)의 결함에서 비롯되는데, 전전두피질은 뇌의 핵심 기능을 관장한다. 이 감정적인 경주용 자동차의 브레이크는 핵심 기능의 일부분이다. 따라서 당신이 가속 페달을 밟고 강렬한 감정의 엔진을 회전시킬 때, 브레이크 페달의 힘만으로는 경주용 자동차의 속도를 늦추지 못할지도 모른다.

당신이 느끼는 감정들과 그 원인, 감정과 몸의 연결에 관한 자각을 높여 보자. 또한 그 감정들이 생겨날 때 어떻게 관리하면 좋을지 기술을 배운다면 궁극적으로는 부정적 감정과 그로 인한 부담에 대한 회복력을 높일 수 있게 될 것이다.

감정에 이름 붙이기

이 책을 처음부터 여기까지 읽어 온 독자라면, 내가 이제부터 무슨 말을 할지 짐작할 것이다. 그렇다. 자각! 자각이 없으면 아무것도 바뀌지 않는다. 당신은 지금껏 감정이 불쑥 튀어나오는 경험을 하며 살아왔을 것이고, 어느새 감정이 성공을 방해하고 있다고 느꼈을지도 모른다. 또 지각하거나, 약속을 잊어버리거나, 일에 집중하지 못하는 등 실수를 하고 나서 부정적 감정과 부정적 자기 대화가 폭포처럼 쏟아지는 경험을 해 봤을지도 모른다. 그런 부정적인 감정들을 잘 조절하기 위해서는 감정들에 이름을 붙일 수 있어야 한다.

안타깝게도 우리 사회는 사람들이 자신의 감정을 이해할 수 있도록 도와주는 일에 소홀하다. 비록 예전보다는 나아지고 있지만, 이 사회는 대다수의 남성에겐 분노나 행복 둘 중 하나의 감정만 느낄 것을, 여성에겐 분노 빼고 모든 감정을 느껴도 된다는 식의 메시지를 전한다. 이런 제약은 둘 다 우스꽝스러운 것이다. 누구든 정도만 다를 뿐 모든 감정을 경험한다. 그런데 젠더 편향적인 감정 각본이나 사회적 규칙 때문에 사람들은 자신의 감정을 온전히 자각하지 못하고 있다.

당신의 경험을 생각해 보라. 내가 내담자들에게 가장 많이 경험하는 감정을 나열해 보라고 하면, 그들은 종종 이렇게 말한다. "저는 제대로 해내는 일이 없어요." "제가 지각을 자주 하니까 회사 사람들 모두 제가 직장생활을 대충 한다고 생각하고 있어요." 이런 말들은 감정을 불러일으키는 생각들이지 진짜 감정이 아니다. 감정은 대개 한두 단어로 표현된다. 이제부터 당신이 많이 경험하는 감정을 다시 찾아보자. 이번에는 '슬프다, 행복하다, 화가 난다, 신이 난다, 자랑스럽다, 걱정된다'와 같은 짤막한 감정 단어를 사용해 보라. 아래에 제시된 보편적인 기분과 감정 목록을 참고하라.

보편적인 기분과 감정

기쁨	초조함	패배감
화남	자포자기	무력감
지루함	만족감	공포
민망함	자부심	쓸쓸함
흡족함	신남	혼란함

즐거움	충격	부담감
무력함	불편함	낙관
죄책감	안절부절	상처
후회	외로움	평온
기진맥진	느긋함	우울감
불안정	안심	기대감
슬픔	자신만만	열성
행복함	간절함	두려움
짜증	굴욕감	수치심

　　흥미로운 점을 발견했는가? 당신은 이 중 어떤 감정을 자주 경험하는가? ADHD인 사람들이 가장 흔히 느끼는 감정 중 하나가 '수치심'이다. 수치심은 어린 시절에 싹 터 성인기에도 영향을 미치는 대단히 중요한 감정인데, 성공을 가로막는 장애물로 작용하기도 한다. 수치심은 회피, 자신감 감소, 주의 산만을 비롯한 갖가지 문제로 이어지며 그 문제는 다시 더 큰 수치심을 유발하기도 한다.

　　그렇다면 이들이 가장 흔히 느끼는 긍정적 감정은 무엇일까? 바로 '신남'이다. 새로운 아이디어, 새로운 취미, 새로운 직장, 새로운 인간관계에 신이 나는 건 아주 좋은 느낌이다! 신이 나서 성과를 내면 기분은 더욱 좋아진다. 안타깝게도 신이 났는데 아이디어를 끝까지 실행하지 않거나, 취미 활동을 하다가 도중에 멈추거나, 직장에서 어려움을 겪거나, 인간관계가 깨져서 마음이 상할 경우에는 부정적 감정이 찾아온다. 이들 특유의 감정 롤러코스터는 그렇게 만들어진다. 연습을 통해 감정을 자각하는 연습을 해 보자.

연습 27 ▶ 감정 판별하기

노트나 컴퓨터를 사용해서 다음 세 가지 시나리오에 대한 당신의 반응을 써 본다. 각 시나리오의 등장인물이 느낄 것이라고 생각하는 감정들에 이름을 붙여 본다. 다른 사람의 감정에 이름을 붙이는 것이 당신의 감정에 이름 붙이는 것보다 쉽다.

시나리오 1

엘리사는 그동안 미루고 또 미루던 보고서를 쓰느라 밤늦도록 깨어 있다. 팀 프로젝트 보고서를 내일까지 제출해야 한다.

→ 엘리사는 마감 시한을 맞추려고 늦게까지 일하면서 어떤 기분을 느끼고 있을까?

엘리사는 정각에 회의실에 도착해서 발표 준비를 한다. 팀원들이 회의실로 하나둘 들어오는 동안 그녀는 보고서를 잘못 준비했다는 사실을 알게 된다. 그녀는 몇 주 전에 끝난 프로젝트에 관한 보고서를 작성한 것이다.

➡ 빈손으로 팀원들 앞에 서게 된 엘리사는 어떤 기분을 느끼고 있을까?

시나리오 2

리는 오랫동안 짝사랑하던 상대와의 첫 데이트를 위해 고급스러운 레스토랑으로 가는 길이다.

➡ 데이트하러 가는 길에 리의 기분은 어떨까?

리가 약속 시간에 맞춰 도착하자, 먼저 와서 기다리고 있던 상대가 활짝 웃으며 그를 포옹한다. 두 사람은 맛있는 식사를 하며 재미있는 대화를 나누고 서로 작업 멘트도 날린다. 식당에서 함께 나가던 중 데이트 상대가 그를 돌아보며 묻는다. "오늘 정말 좋은 시간을 보냈어요. 언제 다시 만날 수 있을까요?"

➡ 즐거운 데이트가 끝나고 나서 두 번째 데이트 신청까지 받을 때 리는 어떤 감정을 느끼고 있을까?

시나리오 3

 드숀과 그의 친한 친구 루이스는 그들이 제일 좋아하는 밴드 공연의 맨 앞줄 좌석 표를 구했다. 공연이 시작되기를 기다리고 있는데, 누가 탄산음료를 쏟는 바람에 두 사람 다 흠뻑 젖고 말았다. 둘 다 놀란 상태에서 루이스는 ADHD 증상이 있는 드숀에게 말한다. "괜찮겠지? 곧 공연이 시작될 거야. 앞줄로 가자!" 드숀은 루이스에게 잠깐 기다려 달라 말하고 쿵쿵거리며 화장실로 가서 옷을 말리려고 애쓴다.

→ 탄산음료에 흠뻑 젖은 채 화장실로 걸어가는 동안 드숀의 기분은 어떨까?

드숀은 화장실에서 옷을 거의 다 말렸다. 그때 밴드 연주가 시작되는 소리가 들린다. 마음이 급해져서 서둘러 움직이려다 세면대 가장자리에 팔꿈치 뼈를 꽝 부딪쳤다.

→ 화장실에 있는 동안 드숀이 느꼈을 법한 감정을 모두 써 본다. 아마도 처음 화장실에 들어설 때, 옷이 말라갈 때, 팔꿈치를 부딪쳤을 때 느낀 기분이 다 다를 것이다.

연습 28 감정과 함께 가만히 앉아 있기

때때로 불편한 감정을 느낄 때 가장 좋은 대처법은 가만히 앉아서 그 감정을 경험하는 것이다. 감정을 없애려고 애쓰지 말고, 그런 감정을 느낀다는 것에 속상해할 필요도 없다. 좌절감에 부정적인 감정들을 더 쌓아 올리거나 기분을 좋게 하려고 충동적으로 행동하면 더 많은 문제가 생긴다. 그러면 문제는 하나가 아니라 둘이나 셋으로 늘어난다.

감정과 함께 가만히 있는다는 것은 그 감정에 이름을 붙이고, 감정을 통제하려고 애쓰지 않고, 그냥 그 감정을 느낀다는 뜻이다. 아내와 내가 둘째를 가질지 말지 결정하는 과정에서 나는 마음이 초조할 때가 많았다. 이 일을 상담하고 싶어서 은사님에게 연락을 드렸더니, 어떤 점이 걱정되느냐고 물으셨다. 나는 아이가 둘이 되면 우리 부부의 직장생활, 가정생활, 인간관계가 더 힘들어질까 봐 걱정이라고 대답했다. 은사님은 말했다. "맞아. 그 모든 게 더 힘들어질 거야." 은사님의 반응은 나를 불안에 떨게 만들지 않았다. 오히려 그 말을 듣고 나는 그냥 내 감정들과 함께 앉아 있었고, 잠시 후에는 기분이 나아졌다. 어떤 감정을 인식하고 인정하기만 해도 그 감정은 제 길을 가게 되고 힘이 약해진다.

1 지금 해결되지 않는 일 또는 나를 힘들게 하는 일을 노트에 쓴다. 직장에서 발생한 문제일 수도 있고, 연애의 어려움일 수도 있고, 가정에서 벌어지고 있는 일일 수도 있다.

2 편안하게 앉을 수 있는 곳을 찾는다. 노트를 꺼내 나를 힘들게 하는 문제를 소리 내어 읽는다.

3 눈을 감고 그 상황을 머릿속에 그리면서 어떤 감정이 떠오르든지 내버려 둔다. 감정이 나타나면 그 감정과 싸우지 말고 그냥 이름을 붙여라. 그 감정은 슬픔인가, 좌절인가, 두려움인가? "나는 ~다"라고 하지 말고 "나는 ~를 느낀다"라는 표현을 사용해야 한다. 예를 들면 "나는 초조함을 느낀다" 이런 식이다. 감정이 당신을 찾아온 것이지, 감정이 곧 당신인 것은 아니다.

4 천천히, 자연스럽게 심호흡한다. 억지로 공기를 들이마시거나 내뱉을 필요는 없다. 그저 자연스럽게 공기를 한껏 들이마시면서 감정에 이름을 계속 붙여라. 그 감정이 점점 약해지는 것을 알아차릴 것이다.

 ▶ 감정들이 상승하고 하강하는 모습을 관찰하라.
아이작 뉴턴의 명언을 기억하자. "올라간 것은 반드시 내려온다." 당신의 감정도 마찬가지다. 강렬한 감정을 느낄 때면 그 말을 곱씹어라. 그러고 나서는 감정이 점점 약해져서 마침내 통제 가능한 수준으로 떨어지는 동안 가만히 관찰하면 된다. 어떤 감정도 영원히 지속되지는 않는다. 만약 감정이 영원히 지속된다면 당신은 여전히 첫 생일 때의 짜릿한 기쁨에서 헤어 나오지 못하고 있을 테니까.

정신과 몸의 연결

놀랍게도 대다수 사람은 정신이 몸과 연결되어 있다는 사실을 알지 못한다. 정신과 몸이 연결되어 있다고 믿는 사람들 가운데서도 정신과 몸이 한 방향으로만 연결된다고 믿는 사람이 많다. 즉 정신이 몸을 조종하지만 몸은 정신에 아무런 영향을 못 준다고 생각하는 것이다. 정신과 몸이 연결되어 있으며 몸의 상태가 기분에 미치는 영향에 관해서 수천 년 전부터 알려진 사실들이 있지만, 우리가 아는 것은 여전히 극히 일부다.

정신과 몸의 관계를 가장 쉽게 이해하려면 '배고파서 화 난다hangry'라는 단어를 떠올려 보라. 이 단어는 어떤 사람이 배가 고프기 때문에 화가 나고 신경질적으로 변하는 현상을 설명하는 용어다. 음식을 통해 몸속으로 들어오는 에너지가 충분하지 않아서 부정적인 감정이 유발되는 것이다. 또 하나의 예는 사람들이 배불리 먹고 나면 기분이 좋아지고 졸음을 느낀다는 사실이다. 배가 부를 때 우리 몸속에서는 세로토닌이라는 신경 화학 물질이 분비된다. 세로토닌은 기분과 수면을 비롯한 다른 몇몇 중요한 기능을 조절하는 물질이다.

정신과 몸이 연결되어 있다는 것을 받아들이고 그 지식을 활용해서 기분을 바꾸는 방법을 알아보자. 몸에 귀를 기울여 보면 많은 것을 알아낼 수 있다. 당신은 이미 그렇게 행동하고 있다. 몸의 어느 부분에 상처가 생기면 우리는 그 통증에 주의를 기울이고 그에 맞게 행동한다. 또 스트레스를 받을 때 몸의 신호를 통해 그걸 알아차린다. 목과 어깨 근육이 뻣뻣해지거나 뱃속이 울렁거린다.

벌써 내 메일함에 메일 쌓이는 장면이 머릿속에 그려진다. 성난 독자들이 소리친다. "통증을 머릿속에서 내보내고 계속 생활하면 되잖아요!" "배탈은 어린애들이나 나는 거라고요!" 내 말을 오해하지 말라. 발가락에 작은 상처가 났다거나 점심에 아주 매운 음식을 먹어서 소화가 잘 안 되는 정도로 당신의 하루 일과를 바꾸라는 말이 아니다. 하지만 최고로 좋은 삶을 살고 싶다면 통증에 관해서도 알아야 하고, 당신의 몸은 풍부한 지식을 제공할 수 있다. 그저 몸에 귀를 기울이기만 하면 된다.

음식, 음료, 약, 알코올 등 어떤 형태로 무엇을 몸속에 집어넣느냐에 따라 정서적 웰빙과 인지 기능에 미치는 영향이 달라진다. 그리고 수면 시간과 수면의 규칙성은 정서적 웰빙, 에너지, 기억력, 집중력에 직접적인 영향을 준다. 운동(또는 운동 부족)은 스트레스 수준, 감정 조절, 정서, 집중력에 큰 영향을 끼친다. 수면과 식사, 운동을 이용해서 감정 조절을 비롯한 여러 ADHD 증상을 개선하는 요령을 소개한다.

※ 기존 질병이 있는 경우라면 식단, 운동, 생활 방식에 변화를 주기 전에 의료 전문가에게 몸 상태를 먼저 상담받길 권한다.

Tip ▶ **아기처럼 잔다.**
아기는 잠을 충분히 자지 못하거나 평소와 조금이라도 다른 시간대에 잠을 자면 짜증을 부리고 엉엉 운다. 당신도 아기와 다르지 않다. 물론 아기보다 적게 자고 조금 불규칙하게 자도 괜찮지만, 적절한 범위를 넘어서면 이야기는 달라진다.

▶ **일정한 시간에 잠자리에 들고 일어나야 한다.**
잠자리에 드는 시간을 정해 놓고 일관되게 지켜라. 잠자기 전 한 시간 또는 그 이상의 시간 동안은 스마트폰, 태블릿 PC, 컴퓨터 등 디지털 기기 화면을 보지 않는 게 좋다. 일과 관련된 활동도 중단하고 느긋하게 휴식할 시간을 뇌에게 주자. 휴대전화 알람을 사용하거나 탁상용 시계를 사용해서 매일 똑같은 시각에 일어나라. 규칙적인 생활을 할 때 몸과 정신 모두 건강해진다.

▸ 몸과 정신에 좋은 연료를 공급해야 한다.

뇌는 양쪽 귀 사이에 위치한 공 모양의 신경 조직으로, 무게가 1.36킬로그램밖에 안 나가지만 우리가 섭취하는 열량의 약 25퍼센트, 그러니까 에너지의 4분의 1을 필요로 한다. 기왕이면 탱크에 좋은 연료를 주입하라.

▸ 식사 시간이 규칙적이어야 한다.

최소한 하루 3회 식사를 하라. 최상의 기분과 두뇌 회전을 위해서는 아침에 일어나서 1시간 이내에 음식을 먹기를 권장한다. 지방과 단백질 함유량이 높고 밀가루나 설탕 같은 정제 탄수화물 함유량은 낮은 음식이 좋다. 점심과 저녁 식사도 매일 비슷한 시각에 먹는 것이 좋다. 오후에 생산성이 떨어지지 않으려면 점심 식사를 너무 과하게 하지 말고 비타민과 미네랄이 충분히 함유된 음식을 먹어야 한다. 초록색 채소와 통곡물로 정신적 에너지에 중요한 영양소인 비타민 B를 섭취하는 것이 좋다. 저녁 식사는 점심 식사와 비슷하게 하면 된다. 특히 저녁 식사 때 고구마처럼 천천히 소화되는 탄수화물 음식을 먹으면 잠자는 동안 세로토닌이 서서히 분비되어 수면의 질이 높아진다. 견과류와 씨앗류는 정신과 몸의 에너지를 일정하게 유지하는 데 도움이 된다. 〈하버드 건강 소식Harvard Health Publishing〉에 실린 어느 논문은 세계인의 식단에 견과류와 씨앗류가 없는 것이 건강 문제의 주된 원인이라고 지적했다.

▶ 인간은 원래 움직여야 하는 존재다.

요즘 인정받는 인간 몸의 진화 이론에 따르면 인간의 뇌가 커진 이유는 복잡한 운동을 많이 수행하기 위해서라고 한다. "달리기 위해 태어났다"라는 말은 그저 마라톤 대회에서 나눠 주는 티셔츠에 새겨진 재미난 문구가 아니었다. 운동은 집중력, 주의력, 기분에 중요하게 작용하는 신경 화학 물질의 기본값은 높여 주고, 기분과 기억력을 저하하는 스트레스 호르몬의 축적을 줄여 준다.

▶ 규칙적인 운동이 최고다.

꼭 헬스장에 등록하거나 특별한 기구를 갖춰야 하는 건 아니다. 몸만 있으면 된다. 산책을 해도 되고, 요가나 팔굽혀 펴기, 달리기, 수영을 해도 되고, 아이들과 놀아 줘도 된다. 청소기 돌리기와 같은 집안일을 하더라도 활기차게 하면 운동이 된다. 중요한 것은 수면과 식사와 마찬가지로 규칙적으로 하는 것이다. 가급적 매일 운동하라. 단 5분이라도 좋다. 운동에 투입하는 시간 대비 최대의 효율을 얻고 싶다면 하루 30분에서 45분 동안 운동하면서 심장 박동을 높여라. 하버드 대학의 존 레이티John Ratey 박사에 따르면 주 5일, 하루 30분, 중간 강도의 운동은 정신적 웰빙, 기억력, 집중력 향상에 큰 도움이 된다.

회복 탄력성 키우기

강렬한 부정적 감정 때문에 하루를 완전히 망쳐 버린 적이 있는가? 무엇을 해도 집중이 안 되는 일상이 힘들고 절망적이라서 더 나아지려는 노력을 포기하고 싶어졌던 적은? 안 좋은 소리를 들으면 절망해서 다시 일어서기가 어려운가?

이 질문들에 "네"라고 대답했다면 당신은 감정적 회복 탄력성과 인지적 회복 탄력성을 개선할 필요가 있다. 회복 탄력성이 높아지면 일상 속의 작은 골치 아픈 사건들은 물론이고 큰 사건들에 직면해도 잘 헤쳐 나갈 수 있을 것이다.

감정적 회복 탄력성은 정말 중요하다. 군대에서는 병사들이 전쟁터에서 극한의 신체적 요구를 감당할 수 있도록 신체적 회복 탄력성을 키우는 일에 많은 시간을 투입한다. 하지만 세상의 모든 신체적 회복 탄력성을 다 가져도 감정적 회복 탄력성이 없으면 무의미하다. 그래서 군대는 모든 군인이 심리적 고문이나 정신적 피로 따위를 견딜 수 있도록 훈련시키는 일에도 시간을 투입한다. 지휘 계통의 위로 올라갈수록 정신적 회복 탄력성에 투자하는 시간은 늘어난다. 예컨대 미국 해군 특수부대와 육군 특수부대는 중요하고 복잡한 임무를 수행해야 하므로 강도 높은 감정적 회복 탄력성 및 정신력 훈련을 받는다.

삶은 원래도 복잡하다. ADHD 증상이 있다면 삶은 더 복잡해지고 감정 소모도 많다. 그 이유 중 하나는 갖가지 감정에 더 민감해지기 때문이다. 그러나 당신은 강렬한 감정들과 일상적인 좌절의 부정적 효과를 줄일 수 있다. 다시 말하면 회복력을 키울 수 있다. 감정적 회복 탄력성이 높은 사람들의 주된 특징은 다음과 같다.

- 패배감에 빠져들거나 격한 감정에 휩쓸리지 않고 다른 사람과 자기 내면의 비판을 들을 줄 안다.
- 힘을 키우기 위해 다른 사람의 지원을 활용할 줄 안다.
- 현실적인 태도를 유지하면서도 결과에 대해 낙관적인 시각을 가진다.
- 어렵고 두려운 일을 회피하기보다 용감하게 마주한다.
- 몸 건강을 잘 관리한다.

- 새로운 관점과 아이디어에 열려 있고 유연한 태도를 지닌다.
- 비판에 귀를 기울이고 그것을 성장을 위한 정보로 활용한다.
- 난관이나 후퇴 앞에서도 굴하지 않고 계속 노력을 기울인다.
- 다른 사람에게 공감하고 다른 사람의 관점에도 공감한다.
- 변화는 삶의 일부라는 사실을 받아들이고, 변화와 싸우기보다 변화에 적응하려고 노력한다.
- 매번 충동적으로 행동하지 않는다. 잠깐씩 멈춰 서서 깊이 생각한다.

이 목록을 읽고 나서 어떤 생각이 들었는가? 기분은 어땠는가? 이 모든 자질이 없으므로 '난 글러 먹었어'라는 생각만 들었다면, 당신은 회복 탄력성을 키우기 위해 조금 더 노력할 필요가 있다. 만약 이 목록을 보고 이런 자질들을 키우고 싶다고 생각했다면 당신은 회복 탄력성을 키우기에 유리할 것이다. 설령 스스로 자질이 없다고 생각했더라도 좋은 소식은 있다. 내가 만난 내담자 중에서 처음에 저항감이 강하고 낙담한 것처럼 보이는 사람들은 성장으로 나아가는 길에 올라서기 위해 남들보다 많은 노력이 필요하다. 하지만 그런 사람들은 일단 길에 올라서면 도중에 내려오지 않는다. 그리고 그들 대부분은 그만큼 열심히 노력해야 할 필요가 없는 사람들보다 오히려 더 좋은 결과를 얻는다.

연습 29 ▶ 회복 탄력성을 지닌 사람 되어 보기

자기 자신을 회복 탄력성이 높은 사람으로 바라보기 위한 연습이다.

1 당신이 감정적 어려움을 많이 겪는 영역 세 개를 찾아본다. 가능하다면 사적인 영역(당신이 부정적인 자기 대화로 스스로 자신감을 떨어뜨리는 경우), 인간관계와 관련된 영역(누군가가 당신에게 비판적이거나 당신의 관점에 반대하는 경우), 업무 또는 직업과 관련된 영역(가정 또는 직장)을 하나씩 선택하는 것이 좋다. 그리고 노트에 기록한다.

2 감정적 회복 탄력성이 높은 사람들의 특징을 참고해서 당신이 찾은 세 가지 영역에 도움이 될 것 같은 특징을 하나씩 골라낸다.

3 각 회복 탄력성 자질을 어떻게 활용할 것인지 노트에 써 본다.

4 스스로 감정적 회복 탄력성을 지닌 사람이라 생각하고 2,3 단계에서 선택한 자질들을 활용하는 새로운 서사를 만들어서 써 본다.

- "나는 감정적 회복 탄력성을 지닌 사람이라서 직장 동료들에게 의견을 물어본 다음 그들의 의견이 내 일에 반영할 만큼의 가치가 있는지 없는지를 신중하게 결정한다."
- "나는 감정적 회복 탄력성을 지닌 사람이라서 나 자신의 실수나 단점이 원망스러울 때면 친한 친구에게 지원을 요청한다."
- "나는 감정적 회복 탄력성을 지닌 사람이라서 아침에 가족들에게 감정적으로 반응하지 않으려고 아침마다 긴 산책을 한다."

Tip ▶ **두려운 일을 매일 한다.**

생산성 전문가인 티모시 페리스Timothy Ferriss에 따르면 나에게 가장 필요한 일은 '내가 가장 두려워하는 일을 하는 것'이다. 그 충고를 받아들여 날마다 당신이 두려워하는 어떤 일을 해 보라. 특이한 맛의 아이스크림을 사 먹는 것처럼 작은 일도 좋고, 당신이 거래하고 싶은 회사의 CEO에게 전화를 걸어 프로젝트를 제안하는 것처럼 큰일도 좋다. 무엇을 할지는 스스로가 안다. 나에게 두렵거나 색다르게 느껴지는 일이니까.

※이 기술을 익히기 위해 위험한 행동이나 얼빠진 행동을 할 필요는 없다.

▶ 다른 사람들에게 조언해 준다.

이제 당신은 감정적 회복 탄력성을 키우기 위해 열심히 노력하고 있으니 당신의 지혜를 전파할 때가 왔다. 주변 사람 중에 힘들어하고 있는 사람이 있다면 감정적 회복 탄력성 자질들을 그 사람도 활용할 수 있도록 도와주자. 그 사람에게 조언하면서 당신도 뭔가를 배울 것이다.

부정적인 감정 관리하기

강렬한 부정적 감정을 느낄 때는 잠깐 일을 멈추고 산책을 하거나, 친구나 가족에게 전화를 걸어 도움을 청하거나, 일기장에 당신의 생각과 감정을 써 보는 것이 큰 도움이 된다. 안타깝게도 항상 그 상황에서 한 발짝 떨어질 수 있는 건 아니다. 도저히 발을 빼지 못할 때는 당신이 그 강렬한 감정들을 처리하는 데 도움이 되는 뭔가가 필요하다.

내가 개발해서 생활 속에서 활용하고 있는 효과적인 방법으로 마음챙김 호흡법을 소개한다. 이 호흡법은 '3×3 방법'이라고도 하는데, 지금까지 수많은 사람에게 도움을 줬다. 당신이 부정적 감정이나 스트레스를 느낄 때, 미래나 과거가 걱정될 때 3×3 방법을 활용하면 곧바로 눈앞의 일로 돌아올 수 있다. 아주 간단한 방법이고 30초밖에 안 걸린다.

1 주변에 있는 물리적 대상 세 개를 선택하라. 책상, 물통, 펜, 사람, 벽 등 어떤 것이라도 좋다.

2 그 가운데 하나의 이름을 부르고 나서 숨을 깊이 들이쉬고 내뱉는다. 두 번째, 세 번째도 똑같이 한다. 예를 들면 다음과 같다. "저건 물통이야(숨을 깊이 들이쉬었다가 내쉰다). 저건 펜이야(숨을 깊이 들이쉬었다가 내쉰다). 저건 의자야(숨을 깊이 들이쉬었다가 내쉰다)."

이러면 끝이다. 이 방법은 당신을 현재로 데려오기 때문에 부정적인 과민 반응을 금방 가라앉힌다. 그리고 심호흡은 신경계를 신속하게 진정시킨다. 내가 이 방법을 처음 가르쳐 주면 대다수 사람들은 나를 의심하는 눈길로 쳐다본다. 너무 단순해 보이는 방법이니까 그럴 만도 하다. 그런데 시도해 보고 나면 생각이 달라진다. 이 방법에 관해서 자세히 알고 싶거나 그 배경 이야기가 궁금하면 나의 TED 강연을 보면 된다(230쪽 참고).

그때그때 떠오르는 부정적 감정들에 대한 자각을 키우기 위한
연습이다.

1 부정적인 감정들을 최대한 많이 생각해서 노트에 목록을 만
들어 본다.
2 48시간 동안 당신이 부정적인 감정을 느낄 때마다 그 감정
옆에 작은 체크 표시를 하라. 어떤 감정들 옆에는 체크가 여
러 개 있을 수도 있고, 어떤 감정들 옆에는 체크가 없을 수도
있다.

※ 일과 시간에 이 연습을 할 수 없다면 잠자리에 들기 전 한 시간
쯤 하루를 돌아보면서 해도 된다. 그렇게만 해도 자신이 어떤 부
정적 감정을 많이 경험하는지를 꽤 많이 파악할 수 있다.

연습 31 **반응 수정하기**

목표는 당신이 감정적인 상태일 때 다른 사람과의 상호 작용을
개선하는 것이다. 잘 되지 않았던 부분으로 돌아가서 상호 작용
을 다시 해 보는 것은 훌륭한 연습법이다.

1 지난 며칠 또는 몇 주를 돌아보고, 당신이 어떤 사람에게 감정적으로 반응하고서 후회했던 일을 떠올려 본다. 친구나 가족에게 퉁명스럽게 굴었던 것과 같은 일상 속의 작은 사건도 포함한다.

2 그 사람을 찾아가거나 그 사람에게 전화를 걸어 당신의 반응을 수정한다. 예컨대 배우자가 당신에게 집에 오는 길에 우유를 사왔느냐고 물었는데, 당신이 짜증을 내며 이렇게 대답했다고 하자. "그래, 사 왔어! 들들 볶지 좀 마!" 다시 상대에게 이렇게 말해 본다. "며칠 전에 당신이 우유 사왔느냐고 물었을 때 내가 짜증을 냈잖아. 그때 내가 원래 하려던 말은 '응, 우유 사왔어. 확인 고마워'였어." 마음이 내켜서 사과도 한다면 더욱 좋다.

Tip ▶ **잠시 반응을 멈춘다.**

감정적일 때는 다른 사람의 말에 화난 말투로 대답하기 쉽다. 그러니까 사람과 대면할 때, 문자 메시지를 주고받을 때, 채팅을 할 때, 이메일을 주고받을 때 대답하기 전에 잠깐 멈추는 연습을 해 보라.

더 나은 관계를 위한 한 걸음

ADHD 증상이 인간관계에 부정적인 영향을 끼칠 수 있다는 사실은 당신도 이미 알고 있을 것이다. 당신의 가족과 친구들에게도 그건 새로운 소식이 아닐 것이다. 그러나 그들은 어떤 증상때문에 어떤 문제가 일어나는지 정확히 알지는 못한다.

나는 직장에서의 문제 못지않게 부부나 연인 관계의 문제로 찾아오는 사람들을 많이 치료한다. 이야기를 들어 보면, 두 사람이 만나다 헤어진 경우, 실제로는 원인이 다른 데 있음에도 불구하고 ADHD가 있는 사람의 이기적이고 고의적인 행동이 문제였다고 오해받는 일이 종종 있다. 심지어 상담을 하는 상담사조차 그렇게 생각할 때가 있다고 한다. 내 말을 오해하지 않았으면 좋겠다. ADHD인 사람들도 다른 사람들처럼 이기적일 수 있지만, 실제로는 이기적인 행동을 전혀 하지 않았는 데도 그들의 잘못처럼 해석되는 경향이 있다는 뜻이다. 나는 '연애·결혼 생활과 ADHD'라는 주제로 정기 워크숍을 개최해서 이 문제를 어떻게 다룰지 고민하는 다른 치료사들에게 훈련 방법과 조언을 제공한다. 여기서는 당신이 가족 또는 친구와 대화를 나누기 위해 필요한 기본틀만 제공하겠다.

생산적인 대화를 하려면 간결하고 명확하게 말해야 하며,

당신에 관한 상대방의 경험에도 공감하려는 노력을 기울여야 한다. 상대는 당신의 충동적인 행동에 좌절감을 느끼고 있을지도 모르고, 당신이 자신을 화나게 하려고 일부러 주변을 어지럽힌다고 생각할지도 모른다. 또, 당신이 대화 도중에 산만해지는 모습을 보면서 자신에게 관심이 없다고 생각할지도 모른다. 어떤 경우든 당신에게도, 당신과 가까운 사람들에게도 힘들기는 마찬가지다. 가족 또는 친구와 대화할 때는 상대와의 관계에서 당신의 증상이 어떤 문제를 야기하는지를 정확히 이해하려고 애써야 한다. 상대의 좌절감을 이해하고 공감하는 방식으로 이야기하되, 당신의 증상이 문제의 원인이 된다는 점에 관해서는 사실 여부를 정확하고 직설적으로 말해야 한다. 모든 것을 ADHD 탓으로 돌리면서 무력한 사람처럼 굴어서는 안 된다. 이 책을 여기까지 읽었다면, 당신이 결코 무력한 사람이 아니라는 것쯤은 알고 있을 것이다. 친구나 가족과 어떻게 대화하면 좋을지 보여 주는 예가 있다.

"치아라, 늦어서 미안해. 내가 또 늦어서 실망이 크지? 내가 무심해서 시간을 안 지킨다고 느껴지는 거 나도 알아…. 그런데 사실 나한테는 ADHD 증상이 있어서 여러 가지가 힘들어. 그중에서도 시간을 못 맞추는 게 가장 힘들어. 노력하는 중인데 단번에 좋아지지가 않아서, 너에게 사정을 이야기하는 게 나을 것 같아…. 우리가 데이트할 때 내가 자꾸 늦는 이유는 내가 옷을 잘 입었는지, 데이트에 필요한 준비를 다 했는지 자꾸만 확인하게 되어서 그래. 안 믿기겠지만 완벽주의 성향이 있거든. ADHD인 사람이 완벽주의자라는 게 이상하게 들리겠지만, 그런 사람들이 생각보다 훨씬 많아. 나는 우리가 함께하는 순간이 아주 소중해. 그래서 매번 좋은 인상을 남기고 싶어서 세세한 부분까지 계속 신경 쓰다 보면 결국 또 늦게 돼. 물론 너한테는 정말 불편하고 네가 존중받지 못한다는 느낌도 들겠지…. 정말 미안해. 어떻게 하면 더 좋아질 수 있을지 계속 고민하고 있어. 혹시 너도 좋은 생각이 나면 알려 줄래? 정말 앞으로 내가 더 노력할게.

과부하 관리하기

누구나 때때로 과부하를 경험한다. 사람의 성격, 업무 환경, 가정생활, 생활 방식에 따라 정도는 각기 다르지만, 어떤 사람들에게는 거의 매일 있는 일이나 다름없다. 과부하는 가정생활, 직장생활, 인간관계 전반에 걸쳐 부정적인 영향을 끼칠 수 있다. 그 상태가 지속되면 할 일을 미루고 회피하게 되며, 특정한 상황에서는 모든 걸 중단하거나 노력 자체를 포기한다.

과부하의 일반적인 정의는 '커다란 덩어리 밑에 깔리거나 파묻히는 느낌'이다. 일이 너무 커져서 그 무게를 감당할 수 없을 정도를 뜻한다. 주어진 과제가 너무 크고 벅차다고 느껴질 때, 또는 부정적 감정들이 억제되지 않고 지나치게 강해질 때 주로 과부하가 발생한다. 과부하를 부르는 또 하나의 원인은 불확실성이다. 사람들은 상황의 결과가 어떨지, 또는 새로운 상황이나 걱정되는 상황에 어떻게 대처할지를 미리 알고 싶어 한다.

다음 자가 진단을 해 보자. 각 문항을 읽고 0, 1, 2 중 하나에 체크한다.

0 그렇지 않다 또는 전혀 그렇지 않다

1 가끔 그렇다

2 그렇다 또는 자주 그렇다

남들에게 보이는 당신의 모습이 아니라 당신이 생각하는 자기 모습을 반영해서 답해야 한다. 그런 다음 점수를 모두 더해서 총점을 계산한다. 총점이 9점 이하라면 당신은 낮은 수준의 과부하를, 10~15점 사이라면 중간 수준의 과부하를, 16~20 사이라면 높은 수준의 과부하를 경험하고 있는 것이다.

과부하 상태 진단			
문항	0	1	2
① 날마다 휴식을 취하거나 몸에 좋은 음식을 먹을 기회가 없다.			
② 매일 그날 해야 할 일들에 관한 걱정으로 하루를 시작한다.			
③ 저녁마다 그날 했어야 하는 일들을 다 끝내지 못했다는 자책감에 시달린다.			
④ 하루에 할 일들을 다 해낼 수가 없다.			
⑤ 부담이 지나치게 크거나 지나치게 피로하다.			
⑥ 직장, 육아, 배우자, 집안일, 친구, 가족 등 삶의 여러 영역에서 끊임없는 요구가 있다.			
⑦ 나만을 위한 시간이 아주 적거나 없다.			
⑧ 지금 내 상황에서 탈출할 길이 없다고 생각한다.			
⑨ 이렇게 계속 생활할 수는 없다고 스스로도 생각한다.			
⑩ 심장 박동이 빨라지거나, 머리가 지끈거리거나, 근육이 경직되거나, 속이 쓰리거나, 배가 아프거나 하는 증상이 정기적으로 나타난다.			
총점			

연습 32 ▶ 불확실성을 견디는 힘

불확실성을 견디는 능력을 키우기 위해서는 불확실성에 노출 되는 연습을 해야 한다.

1 당신이 불편이나 두려움 같은 감정을 회피했던 상황 세 가지 를 노트에 적어 본다. 그동안 회피했던 프로젝트일 수도 있 고, 어떤 장소나 사람일 수도 있다.

2 방해받지 않는 장소에 자리를 잡고 앉는다.

3 첫 번째 상황에서 발생할 수 있었던 부정적인 결과를 모두 적 어 본다.

4 첫 번째 상황에서 생길 수 있었던 긍정적인 결과를 모두 적어 본다.

5 첫 번째 상황에 대한 연습을 하는 동안 느꼈던 모든 감정을 생각해 내서 노트에 써 본다.

6 두 번째, 세 번째 상황에 대해서도 3~5단계를 되풀이한다.

※ 6단계 이전까지는 한 번에 한 가지 상황만 다룬다. 원한다면 환경이나 날짜를 달리해서 각 상황에 대해 연습해도 좋다.

7 당신의 경험을 돌아본다. 놀라웠던 부분이 있는가? 다음번

에 불확실성 때문에 힘들어지거나 어떤 것을 회피하게 될 때 도움이 될 만한 통찰을 얻었는가?

Tip ▶ **'불확실성 운동'을 한다.**

불확실성 때문에 뭔가를 회피하게 되거나 초조함을 느낄 때, 당신이 얻을 수 있는 모든 결과를 떠올려 보라. 어떤 아이디어도 차단하지 말고 수면 위로 올라오게 하고, 아무리 바보 같은 생각이라도 모두 다 종이에 써 본다. 불확실성 운동은 웨이트트레이닝과 비슷하다. 가능한 모든 결과에 관한 브레인스토밍을 잘하게 될수록 당신은 강해진다. 불확실한 상황에서 모든 선택지를 신속하게 파악하게 되기 때문이다.

연습 33 ▶ 대안적인 행동 인식하기

1 연습 32에서 당신이 만든 세 가지 상황 목록으로 돌아간다.

2 각 상황에 대해 당신이 그 상황을 회피하면서 어떤 행동을 했는지 생각해 본다. 당신은 일을 계속 미뤘는가? 그 대신 다른 일을 했는가?

3 각 상황에 대해 그 상황에서도 당신이 원했던 결과에 가깝게 만들어 줄 대안적인 행동을 생각해 본다.

요약

- 감정 조절이란 나의 기분을 알아차리고 그 기분의 강도를 의식적으로 통제하는 것이다.

- 내가 느끼고 있는 감정을 자각하면 어떻게 반응해야 할지도 선택할 수 있게 된다.

- 감정은 일시적인 것이다. 가만히 앉아서 그 감정을 경험하면 감정의 강도는 약해진다.

- 정신과 몸은 불가분의 관계로 엮여 있으며 서로에게 직접적인 영향을 준다. 따라서 수면, 식사, 운동처럼 몸이 필요로 하는 것들에 신경을 써야 한다.

- 감정적 회복 탄력성을 키우면 강렬한 감정과 부정적인 상황을 잘 헤쳐 나가는 데 도움이 된다.

- 3×3 방법을 사용하면 스트레스가 심하거나 과부하가 걸리는 순간에 금방 진정할 수 있다.

- 대안적 행동을 인식하고 있으면 불확실성에 잘 대처해서 더 나은 결과를 얻을 수 있다.

6장

───

충동 억제 기술

작은 충동이 맵다

세상에 처음 나왔을 때 우리는 매우 충동적이었다. 배가 고플때 아기들은 엄마의 상의 자락을 끌어당기며 모유를 찾는다. 당신의 코가 궁금해지면 아기는 손을 뻗어 당신의 콧구멍으로 손가락을 쑥 집어 넣는다. 배설을 하고 싶어지면 아기는 당신이 새로 산 소파 위에 있더라도 그 자리에서 배설한다. 이런 것들은 우리를 힘들게 하지만, 우리는 아기가 이런 행동을 하리라고 예상하며 그에 맞게 대처한다. 우리의 뇌가 발달하면서 브레이크도 같이 발달한다. 브레이크란 충동을 억제하는 능력이다. 성인이 되어도 배설은 해야 하지만 우리는 화장실에서 차례를 기다릴 줄 안다.

하지만 서로 다른 필요와 자극과 기분이 경쟁할 때는 충동을 억제하기가 어렵다. 잠시 멈추고, 상황을 잘 판단하고, 적절한 행동을 하려면 실행 기능이 필요하다. 맞다. 그게 바로 이 책에서 계속 강조하는 뇌의 코어 기술이다. 실행 기능이 온전히 힘을 발휘하지 못하는 상태에서 자극적이거나 힘든 상황이 오면 실행 기능이 더욱 위축된다.

ADHD 성인들은 대부분 충동을 잘 억제하지 못하기 때문에 일상생활에서 힘들게 충동과 싸우고 있을 것이다. 어쩌면 잠시 기다리지 못하고 성급하게 이메일 답장을 보내버리고, 대화 중에 갑자기 관련 없는 말을 내뱉고, 단 것을 조절하지 못하고 몇 개나 먹을지도 모른다. 이런 것들은 충동을 억제하기가 거의 불가능하다고 느껴지는 영역들이다. 인간은 이혼, 실직, 죽음과 같은 큰 사건들은 비교적 잘 관리한다. 하지만 커피를 엎지르거나, 신호등의 빨간 신호에 계속 아슬아슬하게 걸린다거나, 종이에 손가락을 베어 상처가 생기는 것과 같은 자잘하고 일상적인 일들이 사람들을 갉아먹는다. 마찬가지로 ADHD 증상이 있는 사람들의 경우, 도박이라든가 거액의 지출과 같은 큰 충동은 비교적 잘 이겨내면서, 직장에서 자기 순서가 아닌데 말한다거나, 빨간불을 피하려고 속도를 높인다거나, 디저트를 남김없이 먹어

치우는 것과 같은 행동 때문에 삶이 순조롭게 흘러가지 못한다.

적절한 충동 억제 능력을 키우면 매일의 생활이 더 안정적으로 변한다. 안정적인 생활은 삶의 질을 향상시키고, 직장에서 성공 확률을 높이고, 인간관계도 원활하게 해 준다.

하지 말아야 할 일들

나는 대도시 중심부에 살면서 두 아이를 키우고 있다. 두말할 필요 없이 내 삶은 시끄럽고 혼란스러울 때가 많다. 부모들이 다 그렇듯 나는 "안 돼"라는 말을 제일 자주 한다. 특히 아이들이 피곤해져서 행동 조절 능력이 떨어진 저녁 시간에 그 말을 특히 더 많이 한다. 안타깝게도 "안 돼"라고 말하는 것은 별로 효과적이지 못하다. 일반적으로 뭔가를 하지 않는 법을 배우는 것이 뭔가를 하는 법을 배우는 것보다 어렵다. 우리가 특정한 행동을 보이거나 새로운 기술을 배우는 것은 마지막에 어떤 보상이 있기 때문이다. 성인들에게 보상이란 만족감, 직장에서의 연봉 인상, 또는 우리가 좋아하는 어떤 사람의 칭찬이다. 하지만 우리가 뭔가를 하지 않게 될 때는 아무런 보상도 없다.

이제부터 우리는 '억제inhibition'라는 방법을 통해 충동을 조절할 때도 보상이 있음을 알아볼 것이다. 다만 그 보상은 알아차리기가 쉽지 않다. 특히 그 보상을 받는 순간에 그걸 알아차리려면 조금 더 노력이 필요하다.

이해를 돕기 위해 사고 실험을 해 보자. 당신이 공원 벤치에서 차분하게 책을 읽고 있다. 그때 내가 당신에게 다가가서 어떤 낯선 사람에게 공격적인 말을 해 달라고 부탁한다. 틀림없이 당신은 미친 사람 보듯 나를 쳐다볼 것이고, 그 낯선 사람에게 아무 말도 하지 않을 것이다. 왜일까? 그야 간단하다. 마음이 차분할 때 당신은 낯선 사람에게 갑자기 공격적인 말을 내뱉으면 부정적인 결과가 뒤따르리라는 사실을 금방 알아차릴 테니까. 그렇다면 보상은 무엇인가? 당신이 낯선 사람에게 공격적인 말을 하지 않는 것에 대한 보상은 분란을 만들지 않고 조용히 앉아서 책을 계속 읽고, 느긋한 상태를 유지하고, 자기 조절을 잘 했다는 생각에 기분도 좋아지는 것이다.

사고 실험을 다시 해 보자. 이번에는 내가 당신에게, 낯선 사람이 방금 주차를 하다가 당신의 차 문을 망가뜨렸는데 지금 그냥 내빼려 한다고 말한다. 그러면 당신은 충동적으로 벌떡 일어나 그 낯선 사람에게 공격적인 말을 내뱉을 가능성이 높다. 두 번째 사고 실험에서 당신은 강렬한 감정에 지배당하고 있고, 그래서 스스로를 조절하기가 어려울 것이다. 아니면 당신은 낯선 사람의 보험사 정보를 알아내서 자동차 수리비를 아끼는 보상을 기대하고 있을지도 모른다.

이 사고 실험의 사례는 충동 억제와 관련이 있지만 ADHD와는 아무런 관련이 없는 매우 중요한 요인들을 우리에게 보여 준다. 행동을 조절하기 위해서는 잠깐 멈추고 당신이 얻을 수 있는 결과와 손해, 보상을 계산해 보고 그에 맞게 행동해야 한다. 잠깐 멈추지 않으면 충동적인 행동에 브레이크를 걸기가 힘들어진다. 행동과 그 행동의 결과를 예상하고 유연하게 다른 선택을 하도록 해 주는 연습 두 가지를 소개한다.

연습 34 ＞ 행동과 결과 연결하기

이 연습을 하려면 특정한 상호 작용과 상황 속에서 '나의 역할'만 생각해야 한다. 다른 사람이 어떤 행동을 했는지 설명하거나 그 상황이 불공평했다고 말하면서 자기 행동을 합리화하는 건 쉬운 일이다. 나의 행동과 그 행동의 실제 결과에 초점을 맞추는 건 그보다 어렵다. 나의 역할과 행동만 바라봐야 행동과 결과를 연결할 수 있다.

1 최근에 당신이 어떤 행동을 했는데 결과가 부정적이었던 일

세 가지를 생각해 본다. 당신은 회의석상에서 욕설을 했을 수도 있고, 약속을 지키지 못했을 수도 있고, 과소비를 했을 수도 있고, 창피를 당했을 수도 있다.

2 각 사례에서 당신의 행동이 불러온 결과 또는 당신의 행동에 대한 반응을 노트에 써 본다. 예를 들어, 당신이 엉뚱한 시점에 의견을 말해서 어떤 부정적인 결과가 있었는가? 당신이 과소비를 했다면 당신의 재정 또는 부부 생활에 어떤 부정적 영향이 있었는가?

3 각 사례에서 결과에 대해 당신이 느꼈던 감정을 노트에 써 본다. 다시 한번 말하지만 이 연습에서 중요한 건 그 사례와 관련된 다른 사람들이 아니라 자기 자신이다. "배신당한 기분이 들었다. 동료가 함부로 말을 옮기지 않았더라면 상사는 그 동료가 아니라 나를 야구 경기에 초대했을 것이다"처럼 쓰지 말라는 것이다. 그 결과에 대해 당신이 어떻게 느꼈는지만 쓰면 된다. 이 일로 당신은 슬펐거나, 실망했거나, 소외감을 느꼈거나, 창피했을 것이다.

 ▶ 비디오테이프를 빨리 감기로 틀어 본다.
충동에 따라 행동하기 전에 당신이 그렇게 행동하면 어떤 결과가 나올지, 그래서 어떤 기분을 느낄지를 머릿속에 그려보라. 지나고 보면 모든 게 훤히 보인다. 이제는 당신의 선견지명을 그만큼 키울 때가 됐다.

연습 35 ▶ 대안 생각해 보기

내가 전문가로서 하는 일 중 하나는 사람들의 문제 해결을 돕는 것이다. 의외로 사람들이 처음에 생각하는 것보다 많은 선택지가 있다. 다음은 순조롭지 않은 상황에서 대안적인 선택지를 생각해 내는 연습이다.

1 연습 34에서 당신이 사용했던 세 가지 사례를 노트에 다시 쓴다.

2 각 사례에서 당신이 선택할 수 있었던 대안적인 행동을 다섯 가지 이상 써 본다. 생각하다가 막히면 창의적인 발상을 해 본다. 외계인을 불러서 도움을 청한다는 대답을 해서 문제될 것이 무엇인가? 핵심은 자유롭게 생각하고 정신적으로 유연해지는 것이다.

3 각 사례에서 더 긍정적인 결과로 이어질 수 있었던 대안적인 행동 중 하나를 선택하라. 그 행동을 했다면 어떤 긍정적인

결과가 있었을지도 상상해서 써 본다.

Tip ▶ **잠시 연습을 멈추고 돌을 뒤집어 본다.**

충동적으로 행동하고 싶어질 때는 잠시 멈춰라. 그 짧은 휴식 시간을 이용해서 긍정적인 결과로 이어질 것 같은 대안적인 경로를 생각해 본다. 돌들을 하나도 빼놓지 않고 다 뒤집어 봐야 한다(영어의 관용적 표현 중에 '백방으로 수를 쓰다Leave no stone unturned'를 직역한 것─옮긴이).

생각에 관한 더 깊은 생각

4장에서 메타인지, 즉 '생각에 관한 생각'을 다뤘다. 나는 당신에게 지금 당신이 하고 있는 생각을 관찰하면서 뇌의 코어 기술을 향상시키는 데 시간을 들이라고 주문했다. 여기서는 메타인지를 더 발전시켜 생각만이 아니라 행동에 적용해 보자. 모든 행동 이전에는 생각과 감정이 있다. 패턴은 모든 사람에게 똑같다. 생각 → 감정 → 행동. 따라서 사람들이 "행동하기 전에 생각을 해"라든가 "넌 생각을 안 하고 행동부터 하고 있어"라고 말한다면 기본적으로는 틀린 말이다. 하지만 그렇다고 해서 당신의 책임이 면제되지는 않는다. 그 사람들의 말은 고차원, 즉 메타 인지라는 차원에서 보면 옳기 때문이다.

예를 들어 보자. 카리는 거실에 들어갔다가 남자친구가 자신의 노트북에 커피를 쏟은 풍경을 본다. 카리는 내뜸 말한다. "자미르, 바보같이. 넌 매번 왜 그러는 거야? 넌 내 물건을 소중히 여기지 않는다니까!" 자미르는 그녀가 무슨 말을 하는지 모른 채 똑같이 부정적인 말로 대꾸한다. 두 사람은 말다툼을 벌이기 시작한다. 말다툼이 몇 분 동안 이어지고 나서, 카리가 키우는 고양이가 앞발과 입가에 커피를 묻힌 채 탁자 밑에서 나온다. 카리와 자미르는 그제야 고양이가 커피잔을 넘어뜨렸다는 사실을 깨닫는다. 두 사람은 깔깔 웃기 시작한다.

카리에게 나타난 패턴은 "오, 안 돼. 자미르가 내 노트북에 커피를 쏟았어"라는 생각으로 시작됐다. 다음에는 화 나는 감정이 있었고, 마지막으로 그 감정이 자미르에게 소리치는 행동으로 바뀌었다. 카리는 잠시 멈추고 다른 원인을 생각해 보지도 않았고, 잠시 멈추고 자신의 생각에 관해 생각한다거나 상황에 반응하는 다른 방식을 생각해 보지도 않았다.

반응의 순환에서 벗어나기

살다 보면 신속하게 반응하는 것이 절대적으로 중요한 순간들이 있다. 주로 생존이나 안전이 걸려 있는 순간이 그렇다. 인간의 뇌는 상황의 아주 작은 변화도 기막히게 알아차리고 '몰입 상태flow state'로 전환할 수 있다. 몰입 상태에서는 의사 결정과 행동이 막힘없이 이어지고 능력이 기하급수적으로 증가해 위험에 처한 생명을 구할 수도 있다. 아쉽게도 이런 상태는 일시적이며, 매일의 힘든 일들에 대한 반응과는 무관하다. 충동적으로 심술궂은 내용의 이메일을 보내는 행동은 안전과 생존이라는 조건에 부합하지 않는다.

반응이 강하다는 것은 반응을 잘 한다는 것과 다르다. 충동형 반응은 더 많은 문제를 일으킨다. 반대로 시간을 가지고 선택지들을 조정하는 조정형 반응을 하면 문제는 작아지고 결과는 개선된다. 그렇다면 어떻게 해야 우리에게 너무나 익숙한 충동적 반응을 피하고 어렵게만 느껴지는 조정형 반응을 이끌어 낼 수 있을까? 무조건 처음에는 잠시 멈추고, 다음으로 심호흡을 하고, 생각을 하고 나서 마지막으로 행동을 해야 한다.

양쪽의 차이는 뚜렷하다. 충동형 사례에서는 일이 빠르게 전개되고 결과는 매우 나쁘다. 조정형 사례에서는 일이 천천히 전개되고 결과는 매우 긍정적이다.

충동형 반응 (충동형)

1단계 화가 난 동료가 당신을 부적절한 호칭으로 불렀다.

2단계 당신은 곧바로 그 동료를 맹비난하고 그의 비밀을 전부 폭로하는 이메일을 전 직원에게 보낸다.

결과 당신은 해고당한다.

조정형 반응 (조정형)

1단계 화가 난 동료가 당신을 부적절한 호칭으로 불렀다.

2단계 당신은 잠시 멈춘다.

3단계 심호흡을 한다.

4단계 할 수 있는 선택들을 검토한다.

5단계 동료에게 그 사건에 관해 따로 만나서 이야기하자는 이메일을 보낸다.

결과 당신과 그 동료는 이야기를 나누고 사이가 좋아진다. 상사는 당신을 회사의 미래 지도자감으로 바라보게 된다.

충동형

$$자극 \rightarrow 행동 \rightarrow 결과$$

조정형

$$자극 \rightarrow 멈춤 \rightarrow 심호흡 \rightarrow 검토 \rightarrow 행동 \rightarrow 결과$$

연습 36 > 충동 분리

수용-전념치료Acceptance and Commitment Therapy, ACT는 우리의 생각과 행동에 관한 체계적인 치료법이다. 이 치료법에는 유용한 기술들이 많지만, 나는 당신이 간단한 연습을 통해 '탈융합defusion' 이라고 불리는 기술을 배우는 데 집중하기를 바란다. 탈융합은 당신의 생각을 행동과 분리함으로써 생각과 행동을 약화시키는 방법이다. 이 책을 여기까지 읽었다면 모든 변화의 핵심이 자각이라는 사실을 알고 있을 것이다. 이 연습은 탈융합 기술로 자각을 향상시켜서 당신이 자각에 반응을 잘 하게끔 만들어 준다.

1 당신이 지금 무엇을 생각하고 있으며 기분은 어떤지 노트에 적는다.

"내일이 오기 전에 내가 처리해야 할 일이 너무 많다. 걱정이 되고 내가 무능한 사람인 것만 같다."

2 마치 다른 누군가가 당신을 관찰하는 것처럼, 제3자의 시점에서 당신이 지금 하고 있는 생각과 기분을 다시 써 본다. "내가 목격한 바로는"이나 "내가 관찰한 바로는"이라는 표현으로 문장을 시작하라.

"내가 목격한 바로는 나는 걱정을 하고 있고 무능한 사람이 된 기분이다. 왜냐하면 내일이 오기 전에 내가 처리해야 할 많은 일에 관해 생각하고 있기 때문이다." 혹은 다음과 같이 써도 된다. "내가 관찰한 바로는 나는 내일 출근하기 전에 처리해야 할 일들에 관해 많은 생각을 하고 있다, 그런 생각을 하니 걱정이 되고 무능한 사람이 된 기분이다."

3 연습을 더 한다. 다음 날에도 두 번 이상 같은 방법으로 스스로를 관찰하고 당신의 생각과 감정에 이름을 붙인다.
4 연습을 마치고 나서 소감을 노트에 적어 본다. "내가 관찰한 바로는⋯."

▶ **'축소해서 보기zoom out'를 반드시 한다.**

당신은 마치 카메라처럼 상황을 줌인zoom in해서 당겨 볼 수 있다. 하지만 화면을 확대하면 전체 그림은 못 볼 수도 있다. '축소해서 보기'는 경험하고 있는 것을 한 발 물러나 파악하는 또 하나의 방법이다.

멈추고, 생각하고, 관찰하고, 계획하라—STOP 방법

STOP 방법은 5장에서 소개했던 3×3 방법과 매우 비슷하다. 멈추고Stop, 생각하고Think, 관찰하고Observe, 계획하기Plan는 현재의 순간에 당신을 붙잡아 놓고, 당신이 가진 자원과 환경을 평가하고, 행동에 대한 계획을 미리 세우도록 해 준다.

이 방법은 야외 생존 훈련에서 널리 활용된다. 당신은 지금 이렇게 생각하고 있을지도 모른다. '갑자기 웬 야외 생존 훈련? 다음은 또 뭐야? 괴상한 등반 훈련?' 내가 이 방법을 소개하는 이유는 감정을 조절하고 충동형 반응이 아닌 조정형 반응을 하도록 도와주는 방법이기 때문이다. 당신이 집 거실에 있는지, 회의실에 있는지, 깊은 산속 동굴 안에 있는지는 중요하지 않다. 정신과 감정에 대한 주도권을 잃을 때 당신은 충동적으로 변해서 어리석은 선택을 하게 된다. STOP 방법을 활용하면 당신의 선택지는 늘어나고 그 선택지에 의거해서 행동하는 능력도 계발된다. 가정이나 직장에서 상호 작용이 원활하지 못하다고 느낄 때 이 방법을 한번 활용해 보라. 사례를 보자.

늦게 출근한 케년은 모두가 직원 식당에서 열리는 대규모 교육에 참가하고 있는 것을 깨닫는다. 상사가 식당 문 옆에 앉아 있는 모습이 보인다. 케년은 자기도 모르게 뒤로 돌아 주차장을 향해 걸어간다. 그 순간, STOP 방법을 활용해 보자는 생각이 떠오른다. 그는 발걸음을 멈춘다. 벤치에 앉아 마음을 추스르고 심호흡을 한다. 그러고 나서 자신의 기분을 생각해 본다. 지금 자리를 뜨면 무단 결근으로 징계를 받을 것이라는 사실을 깨닫는다. 이제 그는 주변 환경과 전체적인 상황을 관찰하고 있다. 그러다 직원 식당 문에 붙어 있는 일정표에 눈길이 간다. 5분 후면 휴식 시간이 있다는 것을 발견한다. 마침내 그는 계획을 수립한다. 휴식 시간까지 기다렸다가 어색하지 않게 입장하고, 자리를 배정받고 나서 늦게 도착한 일에 대해 사과하기로 한다.

만약 케년이 생각과 감정에 사로잡혀 충동적인 길을 갔다면 일자리를 잃었을지도 모른다. 대신 그는 정직하게 행동할 계획을 세운다. 그는 일자리를 유지하고, 자신감도 높아질 것이다.

▶ **모든 방법이 실패하면 그냥 멈춘다.**

STOP의 모든 단계가 기억 나지 않더라도 탈융합을 통해 감정 관찰하기와 이름 붙이기를 하거나, 3×3 방법을 이용해 무조건 멈추고 심호흡을 하라. 잠깐이라도 멈추면 충동성은 반드시 감소한다.

연습 37 ▶ 사교적 관찰

때로는 다른 사람들이 보내는 신호를 활용해서 최선의 행동 방침을 찾아내는 것이 가장 좋다. 물론 당신만의 길을 개척해야 할 때도 있겠지만, 대개 그건 충동에서 비롯된 반응이 아니라 의도적인 선택이다. 만약 당신이 농담을 던지고 싶은데 다른 사람들이 모두 슬픈 얼굴로 침묵을 지키고 있다면 당신은 부적절한 충동에 휘둘리고 있는 것이다. 주변 사람들에게서 신호를 감지하는 것은 인간의 보편적인 행동이며, 어떻게 행동할지에 관한 오판을 막아 줄 것이다.

1 쇼핑몰, 대학 캠퍼스, 푸드코트와 같은 공공장소에 간다. 사람들이 무리 지어 상호 작용하는 모습을 관찰할 수 있는 곳이면 어디든 좋다.

2 한 번에 하나씩, 적어도 두세 무리를 관찰한다. 한 무리를 관

찰하는 동안 그 무리에 속한 사람들의 얼굴 표정과 말투와 몸짓을 눈여겨 본다.

3 관찰한 것을 토대로 그 사람들이 무슨 이야기를 나누고 있었는지, 또는 그들이 어떤 이유로 어떤 방향으로 가려고 하는지에 관한 이야기를 만들어 본다.

4 다른 사람들 무리에 실제로 끼어들거나 방해하지 말고(충동적인 행동은 금물), 만약 당신이 그 무리에 다가간다면 어떻게 행동해야 할지를 생각해 본다. 얼마나 큰 소리로 말해야 할까? 사람들을 웃겨야 할까, 아니면 진지해야 할까? 다가갈 때는 빠르게 걸어가야 할까 아니면 천천히 걸어가야 할까?

Tip ▶ **눈에 보이는 광경을 기준으로 생각이 맞는지 확인한다.**
우스운 농담이 생각 나서 친구에게 말하고 싶어진다고 가정하자. 우선 주변을 둘러보면서 다른 사람들이 무엇을 하고 있는지 보라. 이 분위기에서 농담을 해도 되겠는가? 시점은 적절한가? 이것은 당신의 사교 센스를 한 번 더 확인하는 훌륭한 방법이다.

만족을 지연시키면 더 큰 만족이 온다

만족을 지연시킨다는 것은 무슨 뜻인가? 간단히 말해서 보상을 획득하기 전에 일정한 시간 동안 기다리는 것을 의미한다. 예컨대 "지금 당장 아이스크림을 먹을 거야"가 아니라 "저녁 식사를 마칠 때까지 기다렸다가 아이스크림을 먹을 거야"라고 말하는 것이다. 아이스크림을 먹는 문제는 단순해 보이지만, 만약 즉각적인 보상이 새 차를 산다거나 생애 첫 주택 구입 자금을 마련하는 것이라면 문제는 훨씬 복잡해진다.

만족을 지연시키는 능력은 근본적으로 뇌의 코어 기술에서 비롯된다. '지금 구입하기'와 '나중에 구입하기' 중에서 한쪽을 선택하기 위해 모든 요소를 세심하게 평가하려면 정신적 자원이 많이 소요된다. 어떤 면에서는 만족 지연이야말로 뇌의 코어 기술 중에서 가장 중요한 기술이다. 만족을 지연시키기 위해서는 중요한 기술 몇 가지를 동시에 사용해야 하기 때문이다. 나중에 보상받는 쪽을 선택하려면 감정을 관리해야 하고, 기억을 정확히 회수해야 하고, 충동성을 억제해야 하고, 미리 계획을 세워야 하고, 정신적 유연성을 유지해야 한다. 관련해서 대단히 좋은 소식이 하나 있다. 당신이 만족 지연을 자주 수행할수록 여러 가지 코어 기술을 동시에 활용하는 능력도 향상된다.

게다가 성공 경험이 반복되면 자신감도 높아진다.

만족 지연에 관한 중요한 연구가 있다. 1960년대에 스탠퍼드 대학에서 월터 미셸Walter Mischel 교수가 수행한 '마시멜로 연구'는 당신도 한 번쯤 들어 봤을 것이다. 간단히 설명하자면 만 4~5세 아이들에게 마시멜로 하나를 주고 "지금 먹어도 되지만 15분 동안 먹지 않고 기다리면 마시멜로를 하나 더 받을 수 있어"라고 말한다. 나라면 15분이나 참아내기 힘들 것 같다. 40대인데도 말이다! 당신은 이렇게 생각하고 있을지도 모른다. '그래. 나도 못 참을 것 같아. 그런데 내가 왜 그 연구에 관심을 가져야 하지?' 연구자들이 그 이후 40년 동안 실험에 참여했던 아이들 대부분을 추적한 결과, 마시멜로를 먹지 않고 기다렸던(만족을 지연시켰던) 아이들이 학교와 직장에서 더 좋은 성과를 거뒀고, 부부 관계가 더 좋았고, 건강 상태도 더 좋았고, 여러 가지로 다 좋았다. 그래도 당신은 판단을 보류하면서 '난 어린애가 아니라고! 그게 나랑 무슨 상관이야?'라고 생각할지도 모른다. 하지만 당신의 만족 지연 능력은 당신의 은행 잔고, 허리 둘레, 부부 관계, 업무 성과, 심지어 육아에도 직접적인 영향을 끼친다.

하지만 내가 보기에 ADHD 성인들에게 가장 유의미한 연구는 스탠퍼드 대학의 로버트 새폴스키Robert Sapolsky가 진행한 연구가 아닐까 싶다. 그는 '도파민 잭팟The Dopamine Jackpot'이라는 용어를 쓴다. 내담자들은 보통 여기서 "아하!"를 외친다. 새 폴스키는 우리가 실제로 보상을 받기 전에 보상을 받은 느낌을 주는 신경 화학 물질인 도파민이 잠시 동안 다량으로 분비된다는 사실을 발견했다. 프로젝트를 완성할 때 마지막 5~10퍼센트 정도가 가장 힘든 이유가 여기에 있다. 당신의 뇌 안에서는 보상이 이미 이뤄졌기 때문이다!

단기적 사고 vs 장기적 사고

상상해 보라. 당신은 출근하는 길인데 늦을 것 같다. 신호 등이 있는 교차로에 가까워지는데 신호가 노란색으로 바뀐다. 교차로까지는 조금 더 가야 한다. 당신은 스트레스를 받고, 충동적으로 행동하고 싶어진다. 그리고 선택을 해야 한다. 단기적 사고는 '그냥 액셀을 밟자. 이번 신호에 반드시 통과해야 해!'일 것이다. 이런 상황에서 단기적 사고에 의존하면 당신이나 다른 누군가가 다칠 수도 있다. 빨간 신호를 무시하고 교차로를 통과하는 건 어리석은 선택이다. 더 설명이 필요 없다. 그러나 당신은 지금 단기적 사고방식에 갇혀 있으므로, 당장 교차로를 빨리 지나가고 싶다는 것만 생각한다. 만약 당신이 장기적 사고를 동원한다면 '신호가 바뀌기 전에 서둘러 통과해 볼까? 아니야. 위험해 보이는데. 중상을 입거나 벌금을 내느니 그냥 몇 분 더 늦는 게 낫겠어'라고 생각할 것이다. 이 사례는 단기적 사고와 장기적 사고의 차이를 보여 준다.

단기적 사고나 장기적 사고냐의 문제는 거의 모든 상황에 해당한다. 물론 실제로 생명이 위태로운 상황도 있다. 그럴 때는 생존 메커니즘이 우위에 서고, 행동만 있을 뿐 생각은 거의 하지 않거나 아예 하지 않는 것처럼 보인다. 그런 경우를 제외한, 예컨대 저녁 식사 후 후식을 먹기로 한다거나 또다시 충동 구매를 하려다 보류하는 것과 같은 대부분의 상황에서는 단기적 사고와 장기적 사고의 균형을 추구하라. 충동적인 행동을 피하기 위해 선택지를 검토하는 것이 중요하듯이 어떤 선택의 단기적 효과와 장기적 효과를 판단하는 일도 똑같이 중요하다. 충동성은 생명이 짧다. 마치 사춘기 청소년처럼 오늘만 있고 내일은 없어 보인다.

연습 38 행동의 결과 예상해 보기

1 아래 세 가지 사례를 보고 당신의 선택이 삶에 어떤 영향을 끼칠지 생각해서 노트에 써 본다. 단기적 결과, 중기적 결과, 장기적 결과로 나눠서 써야 한다.

2 선택의 모든 결과를 생각해서 썼으면, 그 상황에서 당신이 원하는 결과들을 골라 본다. 고른 이유도 짤막하게 설명한다.

3 각 사례에 관해 2단계까지 수행하고 나서 당신의 경험을 돌이켜 본다. 결정은 쉬웠는가, 아니면 어려웠는가? 단기적 사고에 이끌렸는가, 아니면 장기적 사고에 이끌렸는가?

[사례 1] 당신은 갑작스럽게 경쟁사 사장에게서 이직 제안을 받았다. 본인 회사로 옮기면 연봉을 두 배로 올려주겠다는 제안이다. 하지만 그 회사가 공식적으로 채용하기 전에 당신은 지금의 직장에 사직서를 내야한다. 당신은 이 제안을 받아들이겠는가?

[사례 2] 당신은 내일 멀리 고향에서 놀러 온 친구들에게 도시를 구경시켜 주기로 해서 일찍 일어나야 한다. 잠자리에 들어야 할 시간에서 벌써 한 시간이나 지났는데, 새로 개봉되는 블록버스터 영화를 자정 전까지만 무료로 감상할 수 있다는 온라인 광고가 보인다. 그 영화를 보겠는가?

[사례 3] 당신은 슈퍼마켓 입구에서 강아지, 새끼 고양이, 토끼를 나눠주는 어느 선량한 가족을 만난다. 그들은 당신에게 귀여운 반려동물을 무료로 입양해서 키워도 된다고 말한다. 어떻게 하겠는가?

▶ 제3자가 뭐라고 할지 생각해 본다.

충동적인 결정 전에 당신이 존경하는 사람 두 명을 떠올려 보

고 그들이 당신에게 어떤 조언을 할 것 같은지 생각해 본다.

요약

- 마음이 차분할 때는 잠깐 멈추고, 상황을 판단하고, 어떻게 행동할지를 결정할 수 있으므로 충동을 억제하기도 비교적 쉽다.

- 모든 행동의 이면에는 생각→ 감정→ 행동이라는 패턴이 있다.

- 충동형 반응보다 조정형 반응이 낫다.

- 충동형 반응: 자극→ 행동→ 결과

- 조정형 반응: 자극→ 멈춤→ 심호흡→ 검토→ 행동→ 결과

- 탈융합은 생각을 행동에서 분리하는 기술이다.

- STOP(멈추고, 생각하고, 관찰하고, 계획하기) 방법을 활용해서 충동성을 감소시킨다.

- 다른 사람들을 관찰하면 특정한 상황에서 어떻게 행동해야 하는지에 관한 단서를 얻을 수 있다.

- 만족을 지연시키는 능력은 당신의 자산과 건강, 인간관계, 직업적 성공, 나아가 가정에까지 직접적인 영향을 끼친다.

7장

나답게
내 삶의 궤도 그리기

원하는 삶으로 경로 변경하기

축하한다! 당신이 해냈다! 당신은 대단하다!

이 책을 다 읽었다는 건 굉장한 성과다. 스스로를 칭찬할 일이다. 잠시 시간을 내서 지금 기분이 어떤지 느껴 보라. 큰 소리로 스스로에게 긍정적인 말을 들려 주어도 좋다. 이제 당신은 중요한 실행 기능들을 활용하는 기술을 익혔으므로 더 똑똑하게 일하고, 생산성을 높이고, 스트레스는 덜 받고, 삶의 주도권을 가질 수 있다.

지금까지 내가 알려 준 정보와 실용적인 기술들은 당신이 수십 년이 넘도록 활용할 수 있는 것들이다. 하지만 새로운 언어를 배울 때와 마찬가지로, 새로 익힌 기술들의 효과를 극대화하려면 그 기술들을 정기적으로 사용해야 한다. 이 무지개의 끝에는 자신감으로 가득 찬 항아리가 놓여 있다. 이 책에 소개된 기술들을 활용하는 건 물론이고 필요할 때마다 곁에 두고 참고하면서 자신감을 계속 키워 나가라. 당신이 언제든지 의지할 수 있는 자원이라고 생각하라. 다시 또 산만해지거나, 지각이 잦아지거나, 감정 조절이 어려워지거나, 충동적인 결정을 내리는 등 증상들이 심해져 자신감이 없어질 때면 노트를 집어 들고 그동안 당신이 해 온 연습들을 돌아보면 된다.

생각해 보라. 이제 당신은 까다로운 결정을 내리는 방법을 알고, 체계를 만들어서 프로젝트를 끝까지 해내는 방법을 안다. 불편한 감정을 조절하는 기술과 시간을 관리하는 방법도 익혔다. 이제 복잡한 지시나 부담스러운 과제를 두려워하지 않아도 된다. 또한, 당신은 기억이 오래가게 하는 방법을 알고, 주의를 집중하고 그 상태를 유지하는 방법을 안다. 주의를 분산시키는 요소들을 멀리하는 기술도 가지고 있다. 문제 해결을 위해 여러 가지 관점으로 바라볼 줄 알고 정신의 기어를 더 유연하게 변환할 줄도 안다. 마지막으로, 당신은 자신의 생각과 감정을 예리하게 자각하며 부정적인 생각과 감정에 휘둘리지 않는다. 정말 굉장하다.

당신의 인지 유형과 강점 및 약점을 잘 알게 됐으니, 새로운 난관이 닥칠 때마다 계획을 세워 잘 헤쳐 나가기만 하면 된다. 그 난관이 직장의 대규모 프로젝트든, 가정에서 생긴 뜻밖의 문제든, 감정적으로 힘든 일이든, 어떠한 좌절이든 간에 당신은 이겨낼 준비가 돼 있다. 지금까지 당신은 강력한 기술을 활용해서 어려움을 극복하는 방법을 배웠으므로, 앞으로 당신의 모습은 단연 돋보일 것이다.

이 책을 출간하기 위해 자료를 수집하고 원고를 집필하면서 나는 '어떤 상황에서든 다수의 선택지가 있다'고 생각했다. "네가 가진 것에 만족하고, 속상해하지 말라"라는 충고는 이제 당신에게는 적용되지 않는다. 당신을 산만하게 만드는 요인들을 효과적으로 관리함으로써 삶의 경로를 바꿀 수 있게 됐으니까.

당신이 습득한 기술이 당신과 가까운 사람들에게도 도움이 된다는 사실을 잊지 말라. ADHD가 있든 없든 다른 사람이 어려움을 겪을 때 당신이 그 사람을 도와줄 수도 있다. 남을 도우면 나의 배움이 깊어지고 기술을 더 잘 활용하게 되므로 결국 당신 스스로를 돕게 되는 것과 마찬가지다. 이제 당신에게는 지혜가 있다. 그 지혜를 공유하라!

다음 연습들은 장기간에 걸쳐 일과 생활을 더 똑똑하게 해내는 데 도움이 될 것이다.

1 노트의 빈 면을 펼친다. 이 책에 언급된 기술 중 당신이 기억할 수 있는 기술들을 모두 써 본다. 이 책을 들춰 보지 않고 써야 한다.

2 다시 책을 펼쳐 훑어 보면서 당신이 노트에 적은 것과 비교해 본다. 도움이 됐지만 기억나지 않았던 기술들을 목록에 추가한다.

3 당신이 알게 된 기술 중 가장 유용한 기술을 몇 개 추려서 목록을 만든다. 각 기술이 당신에게 중요한 이유를 한두 문장으로 써 본다.

위의 지시대로 하면 당신이 새로 획득한 기술이 '끈끈하게 달라붙어' 더 오래 저장될 것이다.

연습 40 **일주일 전략 계획 수립하기**

이 연습은 달력에 해도 되고, 스프레드시트를 사용해도 되고, 그냥 종이에 해도 된다. 필요하다면 계획을 변경해도 되지만, 변경할 경우에는 반드시 세심한 의도, 결단, 목적이 있어야 한다. 엉망진창인 상태에서 직감에 의존하지 말라.

1 당신이 선택한 방식을 활용하여 가까운 미래에 매주 적용할 수 있는 주간 계획을 작성한다.

2 잠자리에 드는 시간, 운동하는 시간, 식사하는 시간을 정해서 써 놓는다.

3 하루 중 어떤 시간에 어떤 활동을 할지 결정한다. 당신의 에너지와 집중력, 당신에게 주어지는 요구를 고려하라. 모든 것을 주간 계획표에 표시한다. 이렇게 세운 주간 계획은 곧 당신의 생활 리듬이 될 것이다.

정기적인 정비와 점검

내담자와 마지막 상담을 하는 자리에서 나는 "사람은 자동차나 기계와 비슷하다"라는 이야기를 자주 해 준다. 사람도 계속 잘 굴러가기 위해서는 정비가 필요하다. 새로운 기술을 획득할 때 습관이 잘 들지 않는 것은 정상적인 일이다. 그래서 나는 내담자에게 처음 몇 주가 지나면 효과가 약해질 거라고 미리 알려 준다. 이것 역시 아주 정상적인 일이다.

하지만 이번에는 다를 것이다. 미리 정해 놓은 일과나 훈련 계획에서 벗어날 때 당신 자신에게 "이럴 줄 알았어! 나는 뭘 꾸준히 하질 못해. 내가 그렇지 뭐"라고 말하는 대신, 관찰자의 시점에서 그 일을 묘사해 보기를 권한다. "아, 이런, 내가 일과대로 못 했네. 필 선생님이 이런 일이 생길 수도 있고 그건 정상이라고 말씀하셨지. 다시 리듬을 찾으려면 어떻게 해야 할까?" 이런 일이 갑자기 닥치지 않기를 원한다면 정기적으로 자기 점검을 하라. 일주일에 한 번, 무엇이 잘 되고 있고 잘 되고 있지 않은지를 평가하고 개선이 필요한 부분에 관한 계획을 수립하라. 한두 번 빼먹거나 후퇴하는 건 중요하지 않다. 당신이 그걸 알았을 때 어떻게 대처하느냐가 중요하다. 만약 일과를 빼먹었거나, 놓쳤거나, 망쳤다면 다시 벌떡 일어나 앞으로 나아가라!

모멘텀 유지하기

모멘텀을 유지하기 위해서는 반드시 두 가지 유형의 자기 점검을 미리 계획해야 한다. 첫 번째 유형은 앞서 제안한 주 단위의 점검이고, 두 번째 유형은 월 단위의 점검이다.

주 단위 점검은 매주 같은 요일, 같은 시간에 해야 한다. 자기를 점검하는 시간이 예측가능하면 점검을 꼬박꼬박 수행할 확률이 높아진다. 점검을 매주 하려고 노력하라. 매주 당신은 계속 발전하고 있을 것이다.

월 단위의 점검도 일정하고 예측 가능한 시간에 수행하라. 1장에서 소개한 자가 진단법을 활용하는 것이 좋다. 한 달에 한 번 자가 진단 질문에 답하면서 당신의 답변을 한 달 전과 비교해 보면 그때에 비해 얼마나 발전했으며 어떤 지점에서 후퇴했는지 쉽게 파악할 수 있다. 지금 한번 해 보자. 앞으로 돌아가서 주의와 집중, 정리하기와 계획하기, 정신적 유연성, 감정 조절, 충동 억제 자가 진단을 다시 해 보라. 당신에게 변화가 있었는가? 어떤 영역에서 발전이 있었는가? 더 노력을 기울여야 할 영역이 있는가?

쉬운 방법은 매달 날짜를 정하지 않고 아예 날짜를 고정하는 것이다. 예컨대 매달 월초나 월말에 점검 날짜를 잡을 필요 없이, '매달 첫 금요일' 또는 '매달 마지막 월요일'처럼 하루를 정하면 된다. 점검을 영원히 계속할 필요는 없다. 새로운 기술이 습관으로 자리 잡힐 때까지 몇 달만 하면 된다. 대략 4개월 동안 매달 자기 점검을 하고, 그다음부터는 1년에 한두 번만, 혹은 필요할 때만 점검하면 된다.

이제 당신의 미래가 얼마나 밝을 수 있는지 알게 됐을 거라고 생각한다. 당신의 옆구리에 박혀 있었던 가시와 당신을 주저앉혔던 부담감은 이제 거의 사라졌을 것이다. 당신이 계속해서 성장하고, 강해지고, 자존감을 꽃 피우면 삶은 더 멋지게 발전할 것이다.

지체하지 말자! 당장 일어나서 한쪽 발을 앞으로 내디뎌라. 고개를 높이 들고 걸어라. 당신은 위대한 일을 해낼 것이다. 미래가 기다리고 있으니 가서 붙잡아라!

추천 도서

이제부터 소개하는 책들을 읽어 보길 권한다. 나는 이 책들이 말 그대로 사람들의 삶을 바꿔 놓는 모습도 봤다.

ADHD에 관한 책

Dale Archer, *The ADHD Advantage: What You Thought Was a Diagnosis May Be Your Greatest Strength*, Avery Pub Group, 2016.

> ADHD를 전문적으로 치료하는 데일의 책은 성인 ADHD에 참신한 방식으로 접근한다. 그는 사람들이 ADHD를 결함으로 보기보다 삶의 자산으로 인식하도록 도움을 준다.

Melissa Orlove, *The ADHD Effect on Marriage: Understand and Re-build Your Relationship in Six Steps*, Specialty Press, 2010

멜리사는 하버드 대학에서 연구를 하고 있으며 작가로도 인정받고 있다. 그녀의 책은 부부관계에서 ADHD를 관리하는 방법에 관한 건전한 조언을 제공한다.

Stephen P. Hinshaw & Katherine Ellison, *ADHD: What Everyone Needs to Know*, Oxford University Press, 2015.

스티븐은 UC 버클리 대학 인간발달연구소의 집행 위원이자 심리학 교수로서 ADHD를 연구한다. 캐서린은 퓰리처상을 수상한 언론인으로서 ADHD에 관해 광범위한 지식을 가지고 있다. 그들의 책은 당신이 ADHD에 관해 궁금해했던 모든 것을 아주 꼼꼼하게 파헤친다.

Lidia Zylowska, *The Mindfulness Prescription for Adult ADHD: An 8-Step Program for Strengthening Attention, Managing Emotions, and Achieving Your Goals*, Random House, 2012. 리디아 자일로스카, 《ADHD를 위한 마음챙김 처방》, 조현주 외(옮김), 북스힐(2016)

리디아는 치료사로서 UCLA 마음챙김 자각연구 센터를 공동 설립했으며, ADHD 치료에 마음챙김을 활용하는 방법에 관한 연구를 수행한다. 그녀의 책은 마음챙김을 활용해서 ADHD를 관리하기 위해 알아야 할 모든 것으로 꽉꽉 채워져 있다.

Gabor Mate, Scattered: *How Attention Deficit Disorder Originates and What You Can Do about It*, Plume, 2000.

게이버는 의사이자 세계적인 베스트셀러 작가다. 그의 책은 자주 논의되지 않지만 때때로 논쟁을 일으키는 주제인 아동기의 애착이론과 ADHD의 관계를 조명한다.

건강 일반 및 심리학 관련 책

John K. Coyle, *Design for Strengths: Applying Design Thinking to Individual and Team Strengths*, The Art of Really Living LLC, 2018.

스피드 스케이팅으로 올림픽에 출전해 메달을 획득한 선수인 존은 스탠퍼드 대학에서 연구되고 있는 경험 설계 이론의 활용법에 조예가 깊어서 기조연설자로 인기가 많다. 그의 책은 당신의 강점을 부각시키고 약점은 끊어내기 위한 체계를 제공한다.

John J. Ratey & Richard Manning, *Go Wild: Free Your Body and Mind from the Afflictions of Civilization*, Little Brown & Co., 2014.

하버드 의과대학 정신과 임상 부교수이자 ADHD 전문가인 존은 이 책에서 리처드 매닝과 함께, 우리를 도와줄 수도 있고 해칠 수도 있는 음식에 관해 폭넓고 상세한 정보를 제공한다.

Chris Voss & Tahl Raz, *Never Split the Difference: Negotiate as If Your Life Depends on It*, Harper Business, 2016. 크리스 보스, 탈 라즈,《우리는 어떻게 마음을 움직이는가》, 이은경(옮김), 프롬북스 (2023)

크리스는 FBI의 인질 협상 담당자로 일했던 사람이다. 그의 책은 이 목록에 안 어울리는 것처럼 보이지만, 단순히 협상에 관한 지식을 알려 주는 책이 아니다. 이 책은 우리 모두가 삶의 모든 영역에서 더 효과적으로 소통하는 법을 가르쳐 준다.

John J. Ratey & Eric Hagerman, *Spark: The Revolutionary New Science of Exercise and the Brain*, Little Brown & Co., 2008. 존 J. 레이티, 에릭 헤이거먼,《운동화 신은 뇌》, 이상헌(옮김), 녹색지팡이 (2023)

존은 이 목록에 두 번이나 올라온 유일한 사람이다! 그는 이 책에서 뇌를 강화하고 치유하는 운동의 효능에 관해 유용한 정보를 제공한다.

Steven Kotler, *The Rise of Superman: Decoding the Science of Ultimate Human Performance*, New Harvest, 2014.

스티븐은 베스트셀러 작가이자 '플로 게놈 프로젝트'의 연구팀장이다. 그의 책은 익스트림 스포츠 선수들이 'FLOW'라고 불리는 극한의 집중 상태를 이용해 초인적인 성과를 거두는 원리를 흥미롭게 설명한다.

국내 웹사이트

ADHD 바로알기

🌐 http://www.adhd.or.kr/

대한소아청소년정신의학회에서 운영하는 사이트로, ADHD에 대한 각종 정보 및 지역별 병원 목록을 제공한다.

에이앱

🌐 https://a-app.co.kr/

성인 ADHD 커뮤니티로, 병원에 대한 후기, 각종 정보 및 경험담을 공유한다.

해외 웹사이트

비욘드 포커스드Beyond Focused

🌐 www.beyondfocused.com

저자가 만든 성인 ADHD를 위한 온라인 지원 센터

크리에이티브라이브CreativeLive

🌐 https://www.creativelive.com/class/get-into-your-creative-

　flow-steven-kotler

저자 추천 스티븐 코틀러의 온라인 강의 "창작에 몰입하기Get into

Your Creative Flow"

애플리케이션

듀(Due) — 일정 알림 및 관리 앱

🌐 www.dueapp.com

리멤버 더 밀크(Remeber the Milk) — 할 일 목록 앱

🌐 www.rememberthemilk.com

투두메이트(Todo mate) — 할 일 목록 및 일정 관리 앱

🌐 https://www.todomate.net/

캄(Calm) — 스트레스 관리 및 마음챙김 앱

🌐 https://www.calm.com/ko/app

포레스트(Forest) — 웹사이트 및 앱 차단 도구

🌐 https://forestapp.cc/

앱블록(AppBlock) — 웹사이트 및 앱 차단 도구

🌐 https://appblock.app

블록사이트(BlockSite) — 웹사이트 및 앱 차단 도구

🌐 https://blocksite.co/

타일(Tile) — 잃어버린 물건 찾기 앱

🌐 www.thetileapp.com

참고 문헌

Joseph Biederman, Timothy Wilens, Eric Mick, Stephen V. Faraone, Wendy Weber, Shannon Curtis, Ayanna Thornell, Kiffany Pfister, Jennifer Garcia Jetton, and Jennifer S oriano. "Is ADHD a Risk Factor for Psychoactive Substance Use Disorders? Findings from a Four-Year Prospective Follow-up Study." *Journal of the American Academy of Child and Adolescent Psychiatry* 36, no. 1 (January 1997): 21?29. doi:10.1097/00004583-199701000-00013.

Phil Boissiere, "30 Seconds to Mindfulness," 3×3 Method. *TEDx-Naperville*. 2017, https://www.youtube.com/watch?v=ad7HqX-Ec2Sc&feature=youtu.be.

Lawrence Colebrooke, *Special Operations Mental Toughness: The Invincible Mindset of Delta Force Operators, Navy Seals, Army Rangers, and Other Elite Warriors!*, CreateSpace Independent Publishing Platform, 2015.

Timothy Ferriss, *The 4-Hour Workweek: Escape 9-5, Live Anywhere, and*

Join the New Rich. Harmony Books, 2009. 팀 페리스, 《나는 4시간만 일한다》, 최원형 외(옮김), 다른상상(2017)

Eberhard Fuchs & Gabriele Flugge. "Adult Neuroplasticity: More than 40 Years of Research." *Neural Plasticity.* 2014. 5. 4., doi:10.1155/2014/541870. https://www.hindawi.com/journals/np/2014/541870/.

Harvard Health Publishing. "Why Nutritionists Are Crazy about Nuts: Mounting Evidence Suggests That Eating Nuts and Seeds Daily Can Lower Your Risk of Diabetes and Heart Disease and May Even Lengthen Your Life." *Harvard Women's Health Watch.*, 2017. 6. 1. https://www.health.harvard.edu/nutrition/why-nutritionists-are-crazy-about-nuts.

Trevor Haynes, "Dopamine, Smartphones, and You: A Battle for Your Time." *Harvard University Science in the News Blog.* May 1, 2018. 5. 1., https://sitn.hms.harvard.edu/flash/2018/dopamine-smart-phones-battle-time/.

Ronald C. Kessler, Lenard Adler, Minnie Ames, Olga Demler, Steve Faraone, Eva Hiripi, Mary J. Howes, Robert Jin, Kristina Secnik, Thomas Spencer, T. Bedirhan Ustun, and Ellen E. Walters. "The World Health Organization Adult ADHD Self-Report Scale (ASRS): A Short Screening Scale for Use in the General Population." *Psychological Medicine* 35 (2005): 245-56. doi:10.1017/S0033291704002892.

Kotler, Steven. Conversation with author. See also "Get into Your Creative Flow." *Online class at CreativeLive.* https://www.creative-live.com/class/get-into-your-creative-flow-steven-kotler. (영상)

MacLeod, Colin M. "Half a Century of Research on the Stroop Effect: An Integrative Review." *Psychological Bulletin* 109, no. 2 (1991):

163-203.

Mischel, W., E. B. Ebbesen, and A. Raskoff Zeiss. "Cognitive and Attentional Mechanisms in Delay of Gratification." *Journal of Personality and Social Psychology* 21, no. 2 (1972), 204-18.

Ratey, John J. with Eric Hagerman. *Spark: The Revolutionary New Science of Exercise and the Brain.* New York: Little Brown and Company, 2008. 존 J. 레이티, 에릭 헤이거먼,《운동화 신은 뇌》, 이상헌(옮김), 녹색 지팡이(2023)

Sapolsky, Robert. "Dopamine Jackpot! Sapolsky on the Science of Pleasure." *FORA.tv*, 2011. 2. 15., https://www.youtube.com/watch?v=axrywDP9Ii0. (영상)

University of California, "Trouble in Paradise: UCLA Book Enumerates Challenges Faced by Middle-Class L.A. Families." *phys.org.* 2012. 6. 20. https://phys.org/news/2012-06-paradise-ucla-enumerates-middle-class-la.html